Juan Villegas

PARA UN MODELO DE

HISTORIA DEL TEATRO

Ediciones de *GESTOS*
Colección Teoría   1
1997

© 1997 Juan Villegas
All Rights Reserved

ISBN   0-9656914-0-3

Published by *GESTOS*
Irvine, California

Printed by
McNaughton & Gunn, Inc.
Saline, Michigan

Library of Congress Catalog Card Number: 97-92979
Villegas, Juan
Para un modelo de historia del teatro
    1.- Spanish American drama - History and Criticism
    2.- Spanish drama -History and Criticism
    3.- Theater - Spain
    4.- Theater - Latin America
    5.- Cultural Studies

862.009
V732p

Dibujo tapa: "De la vida y el teatro" de Francisco Anda Candia. Cortesía de Banco de Ideas, La Habana, Cuba.

Francisco Anca Candia, Cuba. Profesor de Apreciación de las artes visuales, creador independiente del Fondo Cubano de Bienes Culturales. Algunas de sus obras forman parte de colecciones privadas en Cuba y Puerto Rico

INDICE

Sobre este libro 9

Introducción 11

Capítulo 1
LA RENOVACION DE LOS ESTUDIOS SOBRE EL TEATRO HISPANICO 17

1.- La renovación de la teoría y el teatro hispánico 17
2.- El discurso crítico como práctica discursiva 19
3.- Para la historia del discurso crítico en Hispanoamérica 21
4.- La influencia alemana en España e Hispanoamérica 24
5.- La reutilización de los discursos críticos europeos 28

Capítulo 2
FUNDAMENTOS TEORICOS 39

1.- Los supuestos 39
2.- El concepto de ideología 40
3.- El discurso crítico/ el discurso teatral 41
4.- La deshistorización del discurso crítico 42
 a) La deshistorización como universalidad 43
 b) El caso de España. Las editoriales españolas 43
 c) Las teorías del teatro y las editoriales 44
 d) La universidad 46
 e) Las categorías universalistas 46
 f) El realismo y el antirrealismo en España 48
 g) El sistema generacional 49
5.- Contextualización del discurso teatral 51
 a) *La Hiedra* de Villaurrutia 52
 b) *Petra Regalada* de Antonio Gala 53
 c) El autor como productor de significados 54
 d) El texto como espectáculo. El espectador 55
 e) La diversidad de las contextualidades 56
 f) La sala de espectáculos 58
6.- La pluralidad de los discursos teatrales 59

Capítulo 3
MODELOS ESPECIFICOS PARA DISCURSOS
ESPECIFICOS
        65
1.- La liberación del discurso crítico   65
2.- La propuesta de Fernández Retamar   66
3.- Un modelo específico para el discurso femenino   67
4.- La renovación del discurso crítico europeizante   69
5.- La especificidad del estar en el mundo del hispanoamericano.   73
6.- La consecuencia política y cultural de los modelos
específicos   76

Capítulo 4:
TIPOS DE DISCURSOS CRITICOS:
LA DESCODIFICACION IDEOLOGICA   79

1.- Pluralidad de discursos críticos   79
2.- Tipos de discursos críticos: niveles   79
   a) El discurso crítico teórico   79
   b) El discurso crítico práctico   84
   c) El discurso crítico metateatral   88

Capítulo 5:
TIPOS DE DISCURSOS CRITICOS EN RELACION
CON EL PODER   99

1.- El concepto de "poder"   99
2.- Las categorías   102
   a) Discursos críticos hegemónicos   102
   b) Discursos críticos desplazados   108
   c) Discursos críticos marginales   109
   d) Discursos críticos subyugados   110
3.- La historicidad de las categorías   110
4.- El discurso crítico académico y el poder en la
universidad norteamericana   112

Capítulo 6:
TIPOS DE DISCURSOS TEATRALES 117

1.- Selección de textos e historia del teatro 117
2.- Discursos teatrales hegemónicos 119
3.- Discursos teatrales marginales 124
4.- Discursos teatrales desplazados 128
5.- Discursos teatrales subyugados 130

Capítulo 7:
MARGINALIDAD Y DISCURSOS TEATRALES MARGINALES 135

1.- Importancia social y teatral de los discursos
   marginales 135
2.- El discurso teatral hispánico como discurso marginal 141
3.- Las marginaciones geográficas 145
4.- Los personajes de los espacios marginales
   en el discurso teatral hegemónico 147

Capítulo 8:
UN MODELO DE PERIODIZACION PARA LA HISTORIA DEL TEATRO 151

1.- El espectador en las historias del teatro hispánico 151
2.- Teoría de la recepción e historia del teatro 152
3.- El punto de partida: los textos 156
4.- Las categorías fundamentales: 159
5.- El funcionamiento de las categorías 161
6.- El funcionamiento del modelo 162
7.- Problematización y ejemplificación no sistemática
   de las categorías 165
   a) La categoría de "teatro popular" 169

Capítulo 9:
UNA PRÁCTICA SINCRÓNICA:
TEATRO CHILENO DEL PERÍODO AUTORITARIO 173

1.- El contexto socio-teatral 173
   a) El golpe militar y su impacto en la cultura nacional 173
   b) El discurso teatral inmediatamente anterior 175
   c) Visión general del teatro en el período 1973-1990 176
2.- El sistema del productor hegemónico para los sectores
   hegemónicos antes de 1983 177
   a) El sistema del discurso teatral del autoritarismo 178
   b) El subsistema del discurso teatral del autoritarismo
   dirigido a los sectores no hegemónicos 180
   c) El subsistema de los discursos teatrales alternativos 180
   d) El discurso teatral alternativo dirigido a los
   sectores hegemónicos 181
   e) La representación de los marginados en el discurso
   hegemónico destinado a los sectores hegemónicos 186
3.- El sistema de los discursos teatrales alternativos
   después de 1983 188
   a) Subsistema de productores hegemónicos para
   destinatarios hegemónicos 188
   b) El exilio, la injusticia y el retorno 190
   c) El discurso teatral hegemónico no contingente
   dirigido a los espectadores del sector cultural
   hegemónico 191
4.- El sistema de los discursos teatrales marginales
   para destinarios de la marginalidad 193
   a) Los discursos marginales en el período 193
   b) El caso de *La Negra Ester* 195
   c) Una experiencia de teatro poblacional 196

Palabras finales
La aporía de la escritura de las historias del teatro 203

Sobre este libro:

Después de la publicación en Minnesota de *Ideología y discurso crítico..*, aparecieron numerosas reseñas, algunas de ellas muy extensas y meditadas. Entre ellas debo destacar las de Kirsten Nigro, "Conceptualizing Histories and Historians of Hispanic Theatre: A Contextual Reading of Juan Villegas's: *Ideología y discurso crítico sobre el teatro de España y América latina* (*Revista de Estudios Hispánicos* Tomo XXIV, num. 3 (Octubre, 1990): 107-119) y la de Pedro Morales. "El valor de enjuiciar nuestra memoria" (*Conjunto* 83 (abril-junio, 1990): 94-97) por su extensión y análisis.[1] Frank Dauster, a la vez, dedicó numerosas páginas y un cuidadoso análisis crítico del planteamiento en *Perfil generacional del teatro hispanoamericano (1894-1924)*[2] También recibí el Premio Ollantay (Venezuela) y el Armando Discépolo (Argentina) en cuya otorgación el jurado aludió a la contribución importante de este libro en cuanto a la propuesta de nuevos modelos de lectura del teatro y la cultura de América Latina. Además, he escrito varios ensayos en que amplío o practico las propuestas. En cada uno de estos trabajos, sin embargo, he encontrado que debía aludir a los planteamientos de *Ideología y discurso crítico...* Este hecho y el pedido de ejemplares que no podía satisfacer, me llevaron primero a revisar buscando errores tipográficos y, luego a

---

[1] Otras reseñas publicadas: Osvaldo Pellettieri, " *Espacio* (Año 3. No. 5, 1989); Mario Rojas, *Gestos*, IV, No. 7 (Abril, 1989); M. Carmen Sánchez y J. López Mozo, *El Público*, No. 68 (Madrid, mayo 1990); Mariano de Paco, *Anthropos* (No. 110-111/ Julio Agosto 1990); Peter Podol, *Hispania* (73 /September 1990); Eva Golluscio de Montoya, *Caravelle* (France, 1990); Francisco Beverida Duhalt, *Texto Crítico* Año XIV, num 39 (Julio-Diciembre de 1988): 140-143; Howard M. Fraser, *Revista Interamericana de bibliografía* Vol. XL, nu. 2 (1990); Patricia Pinto, *Acta Literaria*. No. 15 (Concepción, Chile. 1990): 161-165.

[2] Girol Books: Ottawa, Ontario, 1993.

modificar ligeramente algunos párrafos y frases y, por último, a modificar el texto con el fin de enfatizar la propuesta de un modelo de reescritura de la historia. En un principio, pensé titularla simplemente *Nueva Ideología y Discurso Crítico sobre el Teatro en España y América Latina*. Al terminar, sin embargo, me di cuenta que el título no sugería el sentido último de esta nueva versión. *Para un modelo de historia del teatro* corresponde a una nueva versión de *Ideología y Discurso Crítico sobre el Teatro en España y América Latina*. Aunque los fundamentos teóricos no difieren, hay varias diferencias significativas. Los cambios más importantes corresponden a la eliminación del capítulo "Los personajes de la marginalidad en el discurso teatral chileno de los años sesenta", la incorporación de uno nuevo, "Una práctica de corte sincrónico: el teatro chileno del período autoritario." En las "Palabras finales" además incluyo algunas reflexiones sobre la escritura de la historia del teatro. Hay numerosos otos cambios menores en todos las capítulos. El objetivo de estos cambios es enfatizar el objetivo primordial de esta nueva versión: la propuesta de un modelo de periodización. En la edición de Minnesota describía el modelo y examinaba algunas de sus consecuencias y proyectaba aspectos del mismo a varios teatros latinoamericanos. Con el tiempo, llegué a adquirir conciencia de que faltaba demostrar su funcionamiento en un espacio histórico definido. La validez total del modelo sólo se puede demostrar escribiendo una historia del teatro. Como ello constituye otro libro, opté por la solución indicada: un corte sincrónico limitado y modificar algunas secciones y el lenguaje de acuerdo con el nuevo énfasis.

INTRODUCCION

Hace algunos años propuse la necesidad de renovar los estudios sobre el teatro en el mundo hispánico a través de la apertura a nuevas áreas de investigación o de cambio de perspectiva con respecto a los "métodos" de crítica literaria dominantes hasta el momento.[3] Apunté que me parecía deber urgente del teórico el configurar los modelos culturales específicos del mundo hispánico y proponer las estrategias adecuadas para revelarlos como sistemas semióticos y como instrumentos de poder de los seguidores del modelo. Consideraba que en este proceso de renovación de la historia del teatro y de los estudios sobre el teatro hispánico, uno de los más significativos era la dilatación y selección del corpus de textos constitutivos de la "cultura." Afirmaba que esta selección no era un proceso carente de significado político o social. Por el contrario, decía, la inserción o marginación de ciertos textos dentro de la historia del teatro se funda en la valoración positiva de un sistema de valores o una imagen del mundo y el rechazo de otros e implica la construcción de un imaginario social que el grupo productor de teatro intenta comunicar a sus potenciales espectadores. A la vez, la selección de unos textos u otros condiciona la emergencia o desaparición, el debilitamiento o confirmación, de sistemas de valores significativos dentro de las formaciones sociales. Por ello, concluía, siendo el teatro un instrumento cultural y social de primera importancia el privilegiar algunos textos teatrales representa potenciar la validez de ciertos modelos culturales y la desvalorización de otros. Proponer, entonces, un nuevo modelo de periodización o historia del teatro tiene consecuencias tanto pedagógicas, académicas como políticas. El discurso crítico hegemónico ha tendido

---

[3] "Discurso dramático teatral latinoamericano y discurso crítico: algunas aproximaciones estratégicas," *Latin American Theater Review* (Fall, 1984): 5-12.

a privilegiar los textos teatrales que, de una manera u otra, coinciden o son ideológicamente funcionales a la proclamación de la validez de sus propios códigos ideológicos, culturales o estéticos. Lo cual ha dado origen a la marginación o subyugación de discursos teatrales discrepantes.

La propuesta de nuevos modelos implica una serie de investigaciones previas que permitan liberarse de los "métodos" fundados en los discursos ideológicos hegemónicos y proporcionen materiales, datos, textos e informaciones que hagan posible la sustentación de los nuevos modelos sobre bases empíricas y teóricas firmes. Con este objetivo, en aquella ocasión, propuse varias estrategias conducentes a la posibilidad de describir el o los modelos funcionando dentro de las producciones teatrales en los espacios teatrales hispanoamericanos y españoles, al mismo tiempo que señalaba sus inconveniencias y dificultades:

1.- Aceptar como hipótesis de trabajo la existencia de lo específico latinoamericano —inferible de los estudios de filosofía y sociología latinoamericana, en los cuales se han propiciado modos específicos— y proyectar esa posible especificidad a los textos teatrales. El texto teatral, en este caso, no sería sino la prueba o la contraprueba de lo propuesto por otras disciplinas. Aunque esta vía de acceso apuntaría esencialmente a probar la "latinoamericanidad" o la "hispanidad," se perdería en el proceso lo específico de lo *teatral* o las formas de plasmación de esa especificidad en las distintas zonas o formaciones sociales. Dicho en otros términos, aunque sería útil y tributaria de filósofos, sociólogos o políticos —y, en último caso, de gran significación histórica— esta orientación no nos revelaría lo específico del teatro latinoamericano o lo teatral hispánico y sus realizaciones específicas en cada uno de los países, si es que es posible postular especificidades nacionales.

2.- Describir textos teatrales hispanoamericanos y compararlos con los textos teatrales no hispánicos de la misma época, descripción en la cual el énfasis debería estar no en las semejanzas sino que en las diferencias. Es decir, el análisis estructural y dramático de los textos ha de permitir advertir los rasgos peculiares de estos textos siempre que la preocupación del crítico sea percibir las diferencias. Sobre la base de éstas, proponer lo específico teatral de las culturas marginales y, como consecuencia, el modelo teórico, los códigos estéticos, teatrales y culturales que sustentan la diferencia.

Para un modelo de historia del teatro 13

3.- Asumir la especificidad del objeto —en este caso "teatro" o "texto teatral"— y las consecuencias de esa especificidad, dentro del contexto hispánico. Esta posición implica —por ejemplo, entre otros factores— aceptar la importancia del destinatario y las variedades del mismo como elemento integral del texto y factor condicionante de los estudios sobre el mismo. Supone, a la vez, toda una serie de estudios que, prácticamente, no se han realizado, ya sea en lo que se refiere a los públicos reales o potenciales, las compañías teatrales o los espacios teatrales en que las obras se representaron, si es que alguna vez fueron puestas en escena. Aunque me referiré posteriormente a este tema, vale la pena destacar que en muchas ocasiones el "público" mencionado por los críticos no es sino la opinión personal del crítico que autoriza sus gustos y reacciones como opinión o reacciones de los espectadores. Esta posición conlleva, además, reconocer la "representación" frente a un público como definidor de lo teatral. Este vendría a ser el caso de una historia del teatro en la cual el tipo de destinatario debería constituir un elemento determinante del modelo de periodización.

4.- En la representación teatral de un texto, su éxito o fracaso, su fugacidad o permanencia en la historia literaria, no interviene sólo la supuesta "calidad estética" de un texto sino una serie de tensiones en su interrelación con las instituciones o las fuerzas que se disputan el poder. Esta perspectiva obliga a reconsiderar los llamados "grandes" textos del teatro y a reconstruir la historia desde una perspectiva diferente. ¿Hasta qué punto, por ejemplo, los llamados textos "clásicos" del teatro hispanoamericano fueron seleccionados por su contribución o dependencia con respecto al grupo en el poder cultural o político en un determinado momento? Desde otro ángulo, hasta qué punto aquellos textos marginados deben su marginalidad a su discrepancia con ese poder cultural o político. Los discursos teatrales pueden encontrarse en distinta relación de dependencia o presencia con respecto a los factores que ejercen el poder dentro de una formación social o a lo largo de la historia. La lectura de los textos, por lo tanto, tiene que realizarse dentro de la resonancia de esta tensión de fuerzas sociales en un determinado momento histórico.[4] Componente esencial de esta perspectiva es aceptar el discurso teatral como una actividad discursiva cuyo mensaje supone una contextualidad inmediata, es decir, un mensaje cuyo descifrador ideal o potencial pertenece a la circunstancia inmediata del acto comunicativo.

5.- Necesidad de utilizar las tendencias del discurso crítico hegemónico que justifican o sustentan la evidenciación de las diferencias y la especificidad de los discursos marginales, subyugados o desplazados y proyectar esos planteamientos a los textos teatrales latinoamericanos. Dentro de estas tendencias se hace necesario destacar aquellas que cuestionan la validez de los supuestos del discurso crítico hegemónico. Esta estrategia nunca debe ser considerada la fundamental ni definitoria, sino sólo contribuyente parcial. Asignarle excesiva importancia llevaría a percibir la realidad teatral con anteojeras que forzaría a ver sólo fragmentos o parcialidades de la misma.

6.- Describir, analizar e interpretar los discursos metateatrales, tanto de autores como de grupos teatrales dentro del contexto histórico social y su relación de dependencia o independencia con respecto a los discursos teóricos o metateatrales no hispánicos. Esta descripción ha de permitir tanto aprehender con claridad los códigos estéticos, culturales, teatrales, ideológicos, sustentadores de los diversos discursos teatrales, desde la perspectiva del por qué, para qué, para quién y en qué condiciones fueron los textos producidos originalmente. El entender estos discursos metateatrales es esencial a la historia del teatro. Sin embargo, han sido escasamente estudiados, con excepciones parciales y nunca muy en profundidad en relación a ciertos movimientos o sectores, los cuales han sido cubiertos limitadamente y sin integrarlos en relación a sus emisores y destinatarios y sus relaciones con los discursos metateatrales de las llamadas metrópolis culturales o teatrales.

7.- Analizar el sustrato ideológico de los diversos discursos críticos, sus transformaciones y las relaciones entre esas transformaciones y los

---

[4] La proyección de este planteamiento al tema que nos ocupa puede aplicarse a tres áreas de investigación: a) La presencia del "poder" representado dentro de los modelos de mundo configurados en los textos teatrales; b) Los factores que intervienen o han intervenido en la producción del discurso teatral, y c) los factores que intervienen o funcionan en la producción del discurso crítico.

Para un modelo de historia del teatro 15

cambios históricos y sociales en los diversos países del mundo hispánico. En este libro, este aspecto será uno de los más desarrollados, por cuanto representa la clave de los juicios de valor y el establecimiento de los cánones que sirven de referencia para las clasificaciones y selección de los llamados "clásicos."

8.- Describir los diversos modelos funcionando dentro de los tipos de discursos teatrales que describiremos en un capítulo posterior, la historia de cada uno de ellos y su interdependencia con los otros.

Concluía que sólo esta diversidad de investigaciones habría de proporcionar los fundamentos empíricos y teóricos para el proyecto propuesto en estas páginas: la conformación de modelos teóricos que permitan aprehender la especificidad de lo teatral latinoamericano o lo teatral español y la especificidad de las formas teatrales producidas en esos espacios de la marginalidad. Insistía que la respuesta a su vez venía a formar parte de un problema teórico más general: la necesidad de desplazar los modelos de los discursos críticos hegemónicos para poder "leer" dentro de la contextualidad los códigos culturales de los textos marginales, subyugados o desplazados, ya sean textos teatrales españoles o latinoamericanos, discursos líricos femeninos o discursos narrativos campesinos.

Este libro es el resultado inicial de la inquietud entonces manifestada.[5] Aunque en esta oportunidad no llevo a cabo todas las posibilidades sugeridas, espero entreabrir los caminos y proporcionar algunos de los instrumentos teóricos que harán posible la continuación de las investigaciones propuestas. En gran parte cada uno de los aspectos señalados implicarían volúmenes en sí o tareas de grupos de investigación. En esta ocasión, postularé algunos planteamientos teóricos sobre el discurso crítico y demostraré su funcionalidad por medio del análisis de discursos críticos sobre el teatro español e hispanoamericano. Propondré una serie

---

[5] Desde la fecha indicada he publicado una serie de ensayos en los cuales he trabajado algún aspecto de los planteamientos o he demostrado parcialmente algún aspecto teórico que aquí desarrollo. También he presentado las ideas de modo parcial o limitado en varias ponencias. Este libro, sin embargo, no es una colección de los ensayos o las ponencias previamente publicados. Los que son utilizados, han sido reelaborados de acuerdo con el propósito general del mismo.

de categorías fundadoras de un nuevo modelo y, finalmente, trazaré las líneas generales de un modelo de periodización específico capaz de revelar lo definidor del objeto "teatro" y cuya validez haga evidente lo específico de diversos contextos productores de "teatro." Los ejemplos provienen tanto del teatro español como del hispanoamericano. Por las mismas semejanzas culturales, pero a la vez por las diferencias históricas y culturales entre España e Hispanoamérica, el considerar ambos espacios enriquece la problematicidad y la eficacia del modelo.

Capítulo 1

LA RENOVACION DE LOS ESTUDIOS SOBRE EL TEATRO HISPANICO

1.- *La renovación de la teoría y el teatro hispánico*

Los numerosos libros y ensayos publicados en inglés, italiano o francés sobre "la esencia" del teatro o sus elementos "constituyentes," la proyección de las teorías semióticas, del discurso, de la recepción o del destinatario, no han dado origen a una secuela de planteamientos teóricos cuyas bases o fundamentos prácticos radiquen en lo hispánico. Aún más, son relativamente pocos los practicantes del discurso crítico en lengua española que se abocan a los problemas teóricos con respecto al "teatro" que han incorporado la proyección de las teorías lingüísticas, semióticas o de la crítica cultural. En términos generales, dentro de los estudios sobre el teatro, tanto españoles como hispanoamericanos, se ha dado una gran despreocupación por la autorreflexión del discurso teórico, es decir, el examen crítico, descriptivo o interpretativo del discurso *sobre* el teatro.

Por otra parte, los estudios sobre el teatro han experimentado una menor renovación teórica en relación con los otros géneros en el proceso de asimilación de influencias europeas. Podría afirmarse, sin lugar a dudas, que, en comparación con la lírica y la novela, ha sido el "género" menos problematizado. Son pocas, por ejemplo, las historias del teatro con pretensión teórica. Quienes han intentado escribir la historia de la "literatura" hispanoamericana han ubicado al teatro como una especie de apéndice sin problematizar la especificidad del "teatro" y, en el fondo, sin trabajar los textos con un mínimo de cuidado.[1] El modelo de

---

[1] Un importante ensayo de problematización de la historia del teatro hispanoamericano es el de Fernando de Toro, "Reflexiones en torno a una historia del teatro hispanoamericano," GESTOS 1 (Abril, 1986): 101-119, posteriormente incluido en *Semiótica del teatro. Del texto a la puesta en escena*

periodización predominante en el mundo hispánico ha sido el de las generaciones, ya sea siguiendo las teorías de Petersen y Ortega y Gasset o sus modificaciones o, simplemente, usando la expresión de modo muy vago y no definido. Una de las causas de este descuido, tal vez, ha sido, el hecho de que en las teorías importadas el teatro no constituía la base ni el núcleo central, como lo fue la poesía lírica en cuanto a la estilística, o la narrativa en los planteamientos de Ortega y Gasset o Kayser. Esta falta de dimensión teórica es más evidente en el plano de los estudios generales o abarcadores y ha sido menos grave en algunos de los análisis de textos individuales en cuanto textos dramáticos, en los cuales se han aplicado métodos de análisis estilístico, estructural o arquetípico con gran propiedad y brillo. La práctica del discurso teatral y las reflexiones de los productores de ese discurso, sin embargo, ofrecen una gran variedad, originalidad y pluralidad de direcciones, muchas de las cuales son rechazadas o silenciadas por los practicantes del discurso crítico hegemónico.

En términos generales, podría decirse que en la actualidad, en relación con el teatro hispánico, se da una pluralidad de discursos críticos. Hay académicos ingleses, norteamericanos, franceses, rusos, italianos, españoles o latinoamericanos escribiendo sobre él, cada uno de los cuales utiliza una estrategia metodológica de acuerdo con las escuelas dominantes en sus contextos culturales o de los modelos definidores de sus espacios académicos. De este modo, podemos encontrar aplicación de estilística, el método arquetipo, estructuralismo, semiología, etc. La tendencia más general, sin embargo, ha sido leer los textos dentro de una subentendida validez universal o pertenencia a un ámbito cultural de occidente, en el cual se aplican los mismos códigos estéticos y los mismos sistemas de valores que a textos producidos en condiciones históricas y contextuales diferentes. En general, ha habido una tendencia a utilizar los métodos configurados desde la perspectiva de modelos fundados en textos y en sistemas ideológicos no hispánicos. El discurso crítico producido en Estados Unidos hasta hace pocos años, por ejemplo, bajo la presencia de las tendencias estetizantes y no comprometidas del espa-

---

(Buenos Aires: Editorial Galerna, 1987). Frank Dauster llevó a cabo un análisis crítico de varias posiciones actuales en *Perfil generacional del teatro hispanoamericano (1894-1924)* (Ottawa, Canada: Girol Books, 1993). Dauster discute algunos de los planteamientos de la primera edición de este libro.

Para un modelo de historia del teatro 19

cio académico norteamericano, ha tendido a desideologizar y a deshistorizar los textos, sacándolos del contexto social e histórico en que fueron producidos. Fenómeno relacionado con la desvinculación de las humanidades en las universidades norteamericanas con los problemas sociales y políticos y el predominio del "New Criticism" y las escuelas estructuralistas. Las estrategias metodológicas asociadas al "New Criticism" contribuyeron a reforzar la carencia de connotaciones sociales e ideológicas de los textos. La orientación estructuralista canalizaba hacia el descubrimiemto de las estructuras atemporales y supuestamente universales. Un examen de los escasos textos hispánicos o latinoamericanos seleccionados, por ejemplo, para los cursos de literatura comparada en las universidades norteamericanas evidencia que los textos elegidos tienden a ser aquellos que pueden ser interpretados de acuerdo con los códigos estetizantes de Europa. Por otra parte, el discurso teatral hispánico —con pocas excepciones— no ha sido seriamente considerado por la crítica extranjera. Excepciones a esta norma la constituyen algunos textos clásicos de la Edad de Oro y, en el período contemporáneo, Federico García Lorca y Fernando Arrabal. Los estudios sobre Antonio Buero Vallejo o Alfonso Sastre provienen predominantemente de hispanistas. Lo cual sucede también con algunos dramaturgos latinoamericanos, tales como René Marqués, Jorge Díaz, Osvaldo Dragún y otros considerados en el medio hispánico como "grandes" escritores. Estos autores, sin embargo, no se constituyen en centros de interés fuera de este espacio cultural relativamente reducido. Aunque, en principio, la constatación puede resultar descorazonadora, un desplazamiento de la perspectiva permite cuestionar el fenómeno.

2.- El discurso crítico como práctica discursiva

La percepción de que todo discurso crítico es una práctica discursiva y que, como tal, es una práctica ideológica debería conducir a aceptar que todas las "lecturas" de los textos hispanoamericanos son lecturas "ideologizadas" desde la perspectiva del emisor del discurso crítico, por lo tanto de validez dentro del sistema que funda esa ideología, pero no necesariamente aceptables para los juicios fundados en una ideología diferente. Si aceptamos que todo discurso literario, a su vez, configura un imaginario social que pone de manifiesto la ideología del grupo social al cual pertenece su emisor, es posible inferir que ideologías discrepantes enjuicien con valores distintos los productos culturales. Desde este punto de vista, entonces, el predominio o hegemonía de un sistema estético es, por consiguiente, un fenómeno cuyas raíces son históricas y contextuales, cuya validez es histórica y no "universal" o "eterna." No se me escapa, naturalmente, que quienes así arguyen utilizan el argumento en contra usando los textos griegos o los llamados "clásicos" como muestra de la permanencia en el tiempo y la existencia de valores "universales." Frente a lo cual la contrarrespuesta bien podría ser que esa permanencia de los textos griegos, por ejemplo, no es cuestión de "esencia" sino que de transmisión y legitimización cultural. La supuesta eternidad griega se da en el mundo de occidente de modo como hoy lo concebimos sólo a partir del Renacimiento, que más que "re-nacimiento" es la apropiación y utilización de una "cultura" anterior, de otra época y otra contextualidad sociohistórica, por una clase social emergente. Esta fundó su poder en la sustitución de la cultura dominante, a su vez, asociada a otros valores culturales. La tradición cultural de Occidente nos enseña a leer esos textos desde una perspectiva que no revela lo significativo para los griegos sino para los valores de la nueva clase social en el poder.

La lectura ideologizada de los discursos críticos y de los textos literarios permite proponer que el rechazo, la marginación o valoración de los textos hispanoamericanos o españoles poco tiene que ver con supuestos valores "estéticos" o "universales." Por el contrario, es preciso ver los desplazamientos críticos como vinculados a las transformaciones políticas e ideológicas de los grupos emisores del discurso crítico, en su interdependencia con los sustentadores del poder, y la posibilidad de los textos hispánicos de satisfacer los códigos estéticos del discurso crítico hegemónico.

Ha habido períodos en los cuales el discurso literario latinoamericano ha sido "reconocido" o aceptado por el discurso crítico hegemónico en Estados Unidos o Europa. Generalmente, se explica ese reconocimiento por la "calidad estética" o el "mejoramiento estético" de algunas obras. En realidad, no se trata de "calidad artística" sino del potencial de algunos textos de ser leídos desde la perspectiva de los códigos culturales y estéticos norteamericanos o europeos, o, en algunos casos, porque factores de orden político o económico —ajenos a los textos en sí— motivan la lectura de esos textos. Ha sido señalado, por ejemplo, que el llamado "boom" de la novela se produjo en la misma época de la Revolución cubana y del nuevo interés de Estados Unidos en América Latina, interés condensado en la expresión "Alianza para el progreso." Las novelas de algunos de los autores de este movimiento, a su vez, utilizaron muchos de los procedimientos narrativos provenientes de las llamadas grandes novelas norteamericanas, francesas o inglesas. Aún más, en muchos casos algunos de los comentarios tienden, precisamente, a probar esa identidad o semejanza. Por lo tanto, estos cambios de actitud y valoración son productos, tanto del desplazamiento ideológico del emisor del discurso crítico como de la transformación de los códigos estéticos de la novela latinoamericana cuyos autores han buscado, conscientemente, internacionalizarse. Podría decirse algo semejante con respecto a algunas de las novelas españolas contemporáneas traducidas al inglés. Caso ejemplar en este último caso, es *Tiempo de silencio*, el que ha sido reiteradamente interpretado a través de sus vínculos con *Ulises* de Joyce.

3.- *Para la historia del discurso crítico en Hispanoamérica.*

Consideramos que algunas de las tareas del discurso crítico se vinculan a lo que es esencial a toda historia literaria: un modelo de periodización, los criterios para la selección del corpus, la necesidad de entender el objeto como fenómeno "teatral." Los aspectos mencionados, naturalmente, no pertenecen al objeto teatro sino que al discurso crítico. El cuestionamiento o desconstrucción ideológica del discurso crítico se constituye en una tarea previa a la "construcción" de una nueva historia del teatro. Para ello, sin embargo, es necesario proponer nuevos instrumentos teóricos —nuevos modelos— con los cuales releer tanto el discurso crítico como los textos teatrales.

El modelo no podrá conformarse sólo por las propuestas de los discursos críticos marginales —las que emergen ya descalificadas por el discurso hegemónico— sino que de la integración de éstas con las surgidas dentro del discurso hegemónico. Los modelos de los discursos críticos marginales se validarán dentro de los discursos hegemónicos sólo cuando los practicantes de estos últimos acepten que dentro de su propio discurso o en los fundamentos de su propio discurso subyace la justificación de la empresa. En el campo de los estudios críticos en las universidades norteamericanas, por ejemplo, la emergencia del feminismo y las críticas feministas ha entreabierto o predispuesto a algunos practicantes del discurso crítico a entender la posibilidad de modelos para discursos marginales. La fuerza de la crítica feminista, sin embargo, en América Latina o España es menor o inexistente, con lo cual se sigue insistiendo en que existe sólo "literatura," "buena" o "mala," y que no existe ninguna relatividad con respecto a estos conceptos.

El discurso europeo o europeizante —el discurso crítico hegemónico— debe ser entendido, naturalmente, como una pluralidad de discursos, los cuales podrían insertarse en distintas categorías, tanto sincrónicas como diacrónicas. Es importante reconocer esta pluralidad porque no se trata de la potencial correlación entre un discurso crítico monolítico europeo y un discurso latinoamericano también monolítico, en un determinado momento histórico, sino de una diversidad de discursos, en uno y otro ámbito, entre los cuales puede darse una variedad de combinaciones e interrelaciones posibles. Puede producirse, por ejemplo, un desfase temporal, es decir, su predominio en distintas instancias temporales, con una tendencia general a que el latinoamericano se produzca después que el europeo. Por otra parte, no se da necesariamente una correlación entre la hegemonía y la marginalidad de los discursos críticos en uno u otro espacio. Un discurso hegemónico en sectores culturalmente importantes de Europa no se constituye necesaria y automáticamente en hegemónico en América Latina. Uno marginal en Europa bien puede transformarse en hegemónico en América Latina o en ciertos espacios culturales del mundo hispánico. Estos desfases se dan en todos los países y las causas van más allá de modas literarias. Tampoco corresponde sólo a espacios culturales marginales. Un ejemplo interesante de un proceso inverso lo constituye el discurso crítico sobre teoría literaria producido en las universidades norteamericanas, especialmente el denominado "New Criticism," durante años fue casi impermeable a las tendencias europeas, o, por lo menos, éstas no llegaron a poseer el carácter dominante que ha adquirido recientemente. En los últimos años, la tendencia ha sido inversa, menos producción original norteamericana y mayor importación de ideas europeas. Esta observación es fácilmente comprobable a través del examen de los libros de teoría. Hacia los años cincuenta eran pocos los libros de teoría producidos en Estados Unidos en los cuales había referencias a teorías francesas o alemanas. En los libros recientes, sin embargo, la mayor parte de las teorías se fundan en

Para un modelo de historia del teatro

teorías europeas. Un ejemplo sugerente en este sentido es comparar las fuentes o las referencias bibliográficas de un libro de Murray Krieger, uno de los líderes de las teorías literarias en Estados Unidos, con los libros de, por ejemplo, Jonathan Culler, uno de los mayores divulgadores de las teorías europeas en la academia norteamericana. Por otro lado, se ha producido una tendencia inversa desde el punto de vista social: una mayor concientización ideológica de algunos de los practicantes del discurso crítico, lo que ha conducido a una emergencia del "nuevo historicismo" como una de las tendencias provocadoras. Un ejemplo interesante de esta irrupción y disrrupción puede verse en el discurso del Presidente de la Modern Language Association en 1987.[2] Hillis Miller resume bien este desplazamiento:

> As everyone knows, literary study in the past few years has undergone a sudden, almost universal turn away from theory in the sense of an orientation toward language as such and has made a corresponding turn toward history, culture, society, politics, institutions, class and gender conditions, the social context, the material base in the sense of institutionalization, conditions of production, technology, distribution, and consumption of "cultural products," among other products. (283)

Lo importante desde nuestro punto de vista son las causas de este desplazamiento. A nuestro juicio, no se trata naturalmente sólo de una evolución interna del discurso crítico teórico sino de una distinta toma de posición frente al mundo por parte de las nuevas generaciones de críticos norteamericanos, los cuales han asumido una posición más iconoclasta frente a la sociedad norteamericana y frente a las instituciones. El interés por varias de las tendencias críticas europeas, en cierto modo, se explican por el carácter iconoclasta, anti-institucional de esas tendencias.

El discurso crítico con respecto al teatro hispánico ha experimentado las variantes que ponen de manifiesto la pluralidad de posiciones de

---

[2] J. Hillis Miller, "Presidential Address 1986. The Triumph of Theory, the Resistance to Reading, and the Question of Material Base," PMLA 102, 3 (May 1987): 281-291.

acuerdo con los cambios ideológicos y las transformaciones de códigos estéticos y culturales de los grupos sociales a los cuales han pertenecido sus emisores. Es necesario, por lo tanto, aceptar una variedad de categorías de discursos críticos y, dentro de cada una de ellas, la existencia de una pluralidad de discursos. Los críticos del teatro hispánico no son, por supuesto, una excepción y han seleccionado aquellas tendencias funcionales a su ideología y su sistema de códigos estéticos y culturales. Su selección de textos teatrales y su aplicación es también diferenciada de acuerdo con esos códigos. Lo que no se ha dado con frecuencia, sin embargo, es la conciencia de esta funcionalidad y la desconstrucción de las raíces ideológicas de los criterios de selección o los modelos utilizados.

Uno de los estudios necesarios para configurar una historia del discurso crítico latinoamericano supondría el análisis ideológico de la selección de discursos críticos por parte de los emisores de los discursos críticos.[3]

4.- *La influencia alemana en España e Hispanoamérica*

Sin pretender escribir una historia del discurso crítico en América Latina, lo que vendría a constituirse en un libro en sí, quiero mencionar algunos aspectos sugerentes para la propuesta de este libro.

Una tendencia ha sido, por ejemplo, la preferencia por lo francés y lo alemán, y la menor presencia del pensamiento anglosajón. Ciertas tendencias de crítica norteamericana han pasado casi inadvertidas en Hispanoamérica. Alejandro Losada, al referirse a las tendencias críticas en Hispanoamérica no menciona influencias norteamericanas. A este propósito apunta tres corrientes: el formalismo, el idealismo subjetivista y el marxismo. En cuanto a los dos primeros señala: "el formalismo neopositivista depende sobre todo de las nuevas corrientes estructuralistas francesas" y "idealismo subjetivista sigue la tradición de la crítica alemana, que persigue en primer lugar la comprensión del texto en su

---

[3] Un importante volumen sobre este tema es el número 16 de *Ideologies and Literature, Problemas para la crítica sociohistórica de la literatura: un estado de las artes* (May-June,1983). Está dedicado predo-minantemente a la crítica literaria hispanoamericana. Ver también Francoise Pérus, *Historia y crítica literaria* (La Habana: Casa de las Américas, 1982)

inmanencia a través de un progresivo acercamiento intuitivo controlado fenomenológicamente."[4]

Hasta el surgimiento del estructuralismo, a nuestro juicio, predominaron escuelas críticas alemanas, varias de ellas a través de versiones españolas, ya sea por ediciones hechas en España o por pensadores españoles. Para esta presencia alemana, se ha dado una multiplicidad de factores, los cuales han variado a lo largo del siglo XX. En cierto momento Ortega y Gasset fue el transmisor de la cultura alemana a algunos de los países latinoamericanos. La presencia cultural alemana en España originó la traducción de textos alemanes, algunos de los cuales no constituían núcleos teóricos esenciales en su lugar de origen, pero adquirieron categoría de textos bases para numerosos teóricos o practicantes de discurso teórico en España o América Latina. Tal fue el caso del krausismo en la península.[5] Algo semejante sucedió con la periodización en la historia literaria, en la cual la teoría de las generaciones de Petersen y la interpretación de otros teóricos alemanes por parte de Ortega y Gasset dieron origen a teorías que condicionaron las historias de la literatura tanto hispanoamericana como españolas.[6] Planteamientos que fueron reforzados por los discípulos de Ortega que se dieron con abundancia tanto en América Latina como en España. Entre éstos, uno de los que logró influir bastante fue Pedro Salinas, pese a su carencia de originalidad, ya que sus propuestas no son sino una ligera modifificación de las teorías de Petersen. Es curioso observar cómo aún se mantiene la presencia de su pensamiento. Semejante, creemos, es el caso de la enorme influencia de Vossler, Spitzer y otros idealistas alemanes a través

---

[4] "Discursos críticos y proyectos sociales en Hispanoamèrica," *Ideologies and Literatures* 1, 2 (Feb.-April 1977): 72. Uno de los pocos libros que dedica un buen espacio al "New Criticism" es el de Aguiar e Silva, *Teoría literaria* (Madrid: Gredos, 1972).

[5] Véase Juan Lopez-Morillas, *Krausismo: estética y literatura* (Barcelona: Ed. Labor, 1973).

[6] Dentro de éstas la más sistemática y mejor fundada en Hispanoamérica es la *Historia de la novela hispanoamericana* (Valparaíso: Ediciones Universitarias de Valparaíso, 1972) de Cedomil Goic, la que es valiosa tanto por la coherencia del modelo propuesto como por los excelentes análisis de textos.

de la Estilística en las versiones transmitidas por Dámaso Alonso y Amado Alonso. En los años sesenta, un ejemplo de esto último es Wolfgang Kayser, cuya orientación entre estructuralista y fenomenológica motivó a numerosos críticos y sirvió de fundamento a varios de los teóricos reconocidos en el mundo hispanoamericano en los años sesenta y setenta.[7]

Las causas de este predominio son tanto de carácter económico como ideológico. Por un lado, la capacidad de distribución intercontinental de las editoriales españolas, a las cuales nos hemos referido anteriormente, pusieron al alcance de los académicos latinoamericanos las teorías "europeas," que eran predominantemente alemanas. Por otro lado, en las mismas culturas latinoamericanas se daba cierta proclividad a la aceptación de teorías y cultura alemanas, enraízadas en la presencia germánica durante gran parte del siglo en varios países latinoamericanos.[8]

La influencia cultural norteamericana, por su lado, tan fuerte en relación con la canción popular y el cine, no se ha puesto de manifiesto sino hasta los últimos años a nivel académico de la investigación teórica en las humanidades. Posiblemente sólo después de los años 60, período en el cual el gobierno y otros organismos norteamericanos abrieron el ingreso de los latinoamericanos a las universidades, ya sea a través de becas o invitando o contratando profesores, algunos de los cuales han vuelto a sus países de origen. En esta misma dirección están las becas a profesores jóvenes que han viajado a doctorarse en los Estados Unidos.

---

[7] Nos referimos a *Interpretación y análisis de la obra literaria* (Madrid: Gredos, 1954) Desde el punto de vista teórico, el libro más significativo fue el de Félix Martínez Bonati, *La estructura de la obra literaria* (Santiago: Editorial Universitaria, 1960). La *Historia de la novela hispanoamericana* de Cedomil Goic es un ejemplo de la misma orientación proyectada a un modelo del análisis de la novela. El libro de Grínor Rojo, *Los orígenes del teatro hispanoamericano contemporáneo* (Valparaíso: Ediciones Universitarias de Valparaíso, 1972) es producto de la misma combinación: la teoría de las generaciones y componentes del estructuralismo a través de Kayser.

[8] Uno de los aspectos generalmente no comentados en la evolución del pensamiento hispanoamericano es el de la influencia de las editoriales españolas y de los mediadores del acceso al libro en América Latina. A la vez, los fundamentos o criterios de selección de estas editoriales y sus posibilidades dentro del contexto político y cultural de España desde 1940 a 1975.

Todo esto, sin embargo, no había ejercido una gran influencia cultural en los países latinoamericanos en el plano de los estudios de teoría literaria. La explicación de este fenómeno podría conducir al análisis, nunca realizado, de la ausencia o presencia de los estudios teóricos en los Departamentos de Español en los Estados Unidos y su falta de vínculo con los Departamentos de Inglés o Teoría literaria. Por otro lado, es posible que las teorías dominantes en los Departamentos de Inglés desde hace treinta años tuvieran poco que ofrecer, técnica e ideológicamente, a los teóricos y practicantes latinoamericanos. Habría que considerar, además, la influencia de los emigrados españoles de la Guerra Civil en algunos importantes departamentos de Español en los Estados Unidos, quienes trajeron a estos departamentos las corrientes lingüísticas y teóricas dominantes en ciertos grupos culturales españoles, tales como la estilística y la lingüística idealista. Algo semejante sucedió, por ejemplo, en Argentina, donde el Instituto de Filología se orientó en esta misma dirección. Las publicaciones de Vossler y Leo Spitzer fueron de enorme influencia en el desarrollo de los métodos de interpretación estilística en gran parte de Hispanoamérica.

En el mejor de los casos, la presencia de algunos teóricos norteamericanos ha sido vista como continuación, ampliación o complemento de teóricos alemanes. Tal es, creemos, el "descubrimiento" de *Rhetoric of Fiction* de Booth, el cual se trabajó como un complemento de los planteamientos de Kayser con respecto al narrador en *Interpretación y análisis de la obra literaria* o su ensayo "Origen y crisis de la novela moderna."[9]

Recientemente, sin embargo, esta ausencia ha cambiado radicalmente con la incorporación de investigadores europeos en el espacio académico norteamericano y la transformación de las orientaciones teóricas hacia el nuevo historicismo, el des construccionismo o la crítica cultural. Estas tendencias se relacionan o tienden a ampliar o legitimizar a nivel internacional orientaciones teóricas más relacionadas con los intereses socioculturales de los investigadores latinoamericanos.

El predominio de un modelo para la lectura de los textos latinoa-

---

[9] Esto es evidente, por ejemplo, en *Anatomía de la novela* (Valparaíso: Ediciones Universitarias de Valparaíso, 1972) de René Jara y Fernando Moreno.

mericanos por los propios latinoamericanos no es un hecho aislado, perteneciente al reino de la alta cultura o la "super-estructura." Por el contrario, corresponde, total o parcialmente, a los modelos legitimizados por los grupos culturales en el poder o los grupos emisores de discursos críticos.

5.- *La reutilización de los discursos críticos europeos*[10]

Dentro de la pluralidad y diversidad de metodologías que hemos apuntado en los discursos críticos hegemónicos europeizantes hay varias estrategias postuladas en Europa en los últimos años, que, leídas desde la perspectiva que propongo, vienen a sustentar la postulación inicial. Esto es, la necesidad de entender los textos como productos específicos de determinadas condiciones históricas, codificados de acuerdo con códigos estéticos y culturales diferenciados y específicos, de los potenciales espectadores de las formaciones sociales en que fueron producidos. La selección de aspectos es intencionada y destinada a probar su potencial utilidad para nuestros planteamientos.

No intentaremos reconstruir los fundamentos de las estrategias europeas, ni establecer las relaciones ideológicas con las condiciones sociales en que fueron producidas. No intentamos tampoco referirnos a ellas como modelos "copiables," sino que como modelos modificables y utilizables. Proponemos que es posible reutilizar algunas estrategias europeas, desde otros fundamentos, otras perspectivas y otras aspiraciones, para la configuración de un modelo específico para la descripción de las formas teatrales producidas en el mundo hispánico.

Uno de los aspectos más significativos desde este punto de vista es la mayor conciencia de la historicidad y el sustrato ideológico de los discursos teóricos. Es decir, la superación de la vieja creencia de la objetividad del discurso científico o la verdad universal implícita en el discurso teórico. Aunque desde hace años, los estudios de orientación marxista apuntaban a esta "historicidad" y al relativismo de los juicios

---

[10] Algunas de las ideas de esta sección fueron parte del ensayo "Utilización y refuncionalidad del discurso crítico hegemónico: el caso del teatro latinoamericano." *Texte. Kontexte. Strukturen* (Tübingen: Gunter Narr Verlag Tubingen, 1987).

de valor de los métodos. Estudios recientes —no necesariamente marxistas— han insistido en la historicidad del discurso crítico y su dependencia del modelo del mundo y los códigos culturales e ideológicos que los sustentan. La aceptación por parte de los discursos hegemónicos de su propia transitoriedad y limitación es un paso indispensable para la postulación de alternativas metodológicas.[11] La historización del discurso teórico hegemónico desvaloriza su supuesta verdad y libera, dentro de su propia historicidad, las posibilidades de existencia y validez de discursos teóricos marginales, subyugados o desplazados, o en sistemas de códigos estéticos diferentes de los hegemónicos. De este modo, una consecuencia posible en teoría vendría a ser que el sistema estético que funda el teatro destinado a los campesinos de la sierra peruana, por ejemplo, vendría a ser tan válido como el producido para los alemanes cultos de Berlín occidental. Una buena síntesis de esta perspectiva es la de Michael Hays, cuando señala:[12]

> In the centuries prior to the advent of our "modern drama," dramatic theory and criticism quite naturally assumed a connection between theater and society, and not just an ideal connection. The theatrical enterprise was expected to represent, on one level or another, the ideology, the values and the social goals of the group which had brought a specific theatrical mode into existence. We

---

[11] Es interesante recordar a este propósito la reseña de John Kadvany del libro de Frank Lentricchia's *Criticism and Social Change* (Chicago: University of Chicago Press, 1983) titulada "Verso and Recto: An Essay on Social Change," *Cultural Critique* 1 (Fall, 1985): 183-215. Confirma nuestra hipótesis de la tendencia desvalorizadora o relativizadora del discurso crítico dentro del ámbito académico norteamericano reciente: "The point of looking at the kind of intellection practised by humanists in this way is to begin to show that, on the terms of the content of their intellectual work, we are not situated at some great remove from the real loci of knowledge and power. Humanists, even university humanists, create and maintain epistemic traditions and within these traditions they canonize selected works and the selected methods of understanding that, succesful or not achieving their scholarly goals, contribute to the day-to-day interpretation of extra-scholastic events." (190).

[12] Michael Hays, "Theatrical Texts and Social Context," *THEATER*, (Winter 1983): 5, 6, 7.

find this spoken or unspoken assumption in the critical work of authors ranging from Sidney and Jonson to Racine, Diderot, Goldoni and Schiller. (5)

Desde esta perspectiva parecería ser inherente al teatro, su condición de representatividad de lo social o la importancia del referente histórico como ingrediente tanto del proceso teatral como del discurso sobre el mismo. Hays recuerda que:

It is only in the nineteenth century in the wake of the Romantics "discovery" of the individual that the idea of the theater as a social institution slowly gave way to a set of abstractions about "universal" values to be discovered not in the theater even but in the actions and psyches of the individual characters of the play. (5)

Esta lectura universalista es la que condiciona y justifica la marginación de muchos discursos teatrales y, a la vez, determina el sistema de valores de los discursos críticos sobre el teatro. Su efecto en la crítica literaria es comentada por el mismo autor:

The criticism that arose out of this process separated and idealized the dramatic text at the expense of the performance context and its social history: the drama became an object of *literary* study. Rather than understanding the theater as a succession of historical distinct manifestations of specific socio-aesthetic systems of representation, the academic criticism that appeared at the end of the nineteenth century and in the twentieth century could assert, according to one of its early leaders, that the drama contained properties "common to all civilized men" and that examining the situation of the performance or the attitude of the spectator would distract the *reader* from his task of elucidating the essential aspects of the play. (5)

Para el caso del teatro hispánico, y en el fondo para todos los discursos literarios y culturales, se hace necesario volver a entender e insistir en el concepto de la historia como "a succession of historical distinct

manifestations of specific socio-aesthetic systems of representation."
La tarea del investigador teatral vendría a ser exactamente el proceso de confirmación de la existencia de esos sistemas como diferenciados, no sólo diacrónicamente sino que también durante un mismo corte sincrónico, en el cual las diferencias provienen de los modelos de mundo fundantes de cada uno de los sistemas. El problema a discutirse aquí es el de la amplitud o reducción de esos sistemas "socio-estéticos." Una interpretación marxista, por ejemplo, implicaría una gran amplitud tanto en lo sincrónico como en lo diacrónico. Una lectura contextualista restringida vendría a enfatizar la contextualidad inmediata. Sobre este importante aspecto, volveremos posteriormente.

En directa relación con este afirmar la historicidad del discurso está el cuestionamiento de su validez "universal" o "universalidad." Recientemente se han intensificado los estudios que cuestionan la "universalidad" del discurso teórico y que sustentan su vinculación con los modelos del mundo fundados en ideologías de raíz histórica y social. Los planteamientos de Jurij Lotman, por ejemplo, se encaminan en esta dirección.[13] En "Sobre el mecanismo semiótico de la cultura" apunta: "Toda cultura determinada históricamente genera un determinado modelo cultural propio." (67) Frase de la cual podemos inferir que tanto el concepto de la cultura como el modelo proveniente de esa cultura constituyen entidades históricas. En consecuencia, todo método fundado en una determinada cultura está condicionado por la transitoriedad e historicidad de la misma. Tanto la cultura como el método para aprehender esa cultura y descodificarla son también entidades históricas. Lotman es aun más rotundo, al afirmar:

> la cultura nunca representa un conjunto universal, sino tan sólo un subconjunto con una determinada organización. No engloba jamás *todo*, hasta el punto de formar un nivel con consistencia propia. La cultura se concibe como una porción, como un área cerrada sobre el fondo de la no-cultura. (68)

---

[13] Jurij M. Lotman y Boris A. Uspenskij, "Sobre el mecanismo semiótico de la cultura," *Semiótica de la cultura* (Madrid: Ediciones Cátedra, 1979): 67-92.

La pregunta en este caso es qué se entiende por "cultura" y por "no cultura," por ejemplo, dentro de los sectores sociales que producen el discurso crítico sobre el teatro hispanoamericano. Desde esta perspectiva, la tendencia dominante de los discursos hegemónicos es asociar lo culto con lo europeo y lo no-culto con lo no europeo. Antinomia que conduce necesariamente a la segregación de lo no europeo, tanto en el plano de los comportamientos "culturales" como prácticos.

En la misma dirección de la pluralidad, podríamos considerar el planteamiento de Bahktin que refuerza la necesidad de valorar todas las manifestaciones discursivas.[14] Para nuestra propuesta sus ideas con respecto a heteroglosia, son especialmente importantes:

> Each of these "languages" of heteroglossia requires a methodology very different from the others; each is grounded in a completely different principle for marking differences and for establishing units (for some this principle is functional, in others it is the principle of theme and content, in yet others it is, properly speaking, a sociodialectological principle). Therefore languages do not *exclude* each other, but rather intersect with each other in many different ways... It might even seem that the very word "language" loses all meaning in this process —for apparently there is no single plane on which all these "languages" might be yuxtaposed to one another. (291)

Si sustituimos, en este caso, el término "language" por "discurso teatral" o "sistema de discursos teatrales" podríamos proponer como hipótesis que el discurso teatral latinoamericano, por ejemplo, podría considerarse como uno de esos sistemas y que, aun dentro de este sistema, se darían otros subsistemas —los discursos hegemónicos, marginales, subyugados o desplazados — cada uno de ellos en interrelación de variada o variable interdependencia.

Nos inclinamos a aceptar la idea de la existencia de una serie de subsistemas. Cada uno debería ser estudiado en su especificidad y

---

[14] M. M. Bahktin, *The Dialogic Imagination* (Austin: The University of Texas Press, 1981).

funcionalidad en relación con el contexto de la comunicación, el emisor y sus destinatarios potenciales y reales, el sistema de valores que los conforman. Creemos que el conjunto de esos subsistemas vendría configurar el sistema al que denominaríamos el "sistema teatral hispanoamericano." Lo cual habrá de conducir a una historia plural y diversificada. La actividad discursiva teatral tiene que ser entendida en el contexto de su comunicación, con lo cual se valida la importancia de textos cuyo mensaje aspira a realizarse o se "limita" a tener validez, dentro de un contexto circunscrito, sin las aspiraciones que el discurso crítico europeizante exige de un texto literario para validarlo: la supuesta relevancia "universal." Desde esta perspectiva, el teatro político o el teatro "pedagógico" dirigido a campesinos o sectores poblacionales tienen una validez y relevancia en sí, sin tener que justificarse en términos como que "el que cala profundamente en lo autóctono alcanza la universalidad" —la esencia del ser—, idea con que se han visto obligado a justificar lo no europeo de algunas de las producciones culturales del mundo hispánico. Los llamados innovadores del teatro latinoamericano de los años treinta y cuarenta buscaron esa "universalidad" y, bajo el pretexto de "mejorar" el teatro, buscaron transformar a los potenciales espectadores. La mayoría de sus razonamientos tendían a "educar" al nuevo espectador.

Dentro del teatro mexicano por ejemplo, los críticos han destacado el Grupo de los Siete Autores y el Grupo Ulises. Este último se organizó en 1928 con el propósito expreso de "hacer buen teatro," lo que significaba la introducción de obras extranjeras, desarrollar actores, directores, escenógrafos en las técnicas desarrolladas fuera del país.[15] Esta función educadora la llevó a cabo en Argentina el Teatro del Pueblo (1930) dirigido por Leónidas Barletta.[16] En el caso de Chile se da muchos años después especialmente a través del Teatro Experimental de la Universidad de Chile (1941). Erminio Neglia ha resumido esta renovación del

---

[15] Una breve presentación de estos movimientos puede verse en "La renovación teatral en Hispanoamérica" de Erminio G. Neglia en *El hecho teatral en Hispanoamérica* (Roma: Bulzoni, 1985): 27-44.

[16] De Barletta ver su *Viejo y nuevo teatro. Crítica y teoría* (Buenos Aires: Editorial Futuro, 1960).

siguiente modo:

> El teatro de costumbres del período 1900-1920 se preocupó por el mestizo indohispánico y por sus idiosincracias y planteó los conflictos entre los poderosos y los pobres. En el teatro de tendencias universales de las décadas siguientes algunos de los autores se interesaron, en cambio, por la tragedia griega alcanzando un primer carácter de igualdad al lado de los autores dramáticos de todo el mundo, mientras otros cultivaron el teatro de orden intemporal o inespacial, lleno de sugerencias y de aparente irracionalidad. Este teatro creó "una imagen total del hombre genérico" y recogió "los signos más concentrados de la realidad." El teatro de tendencias universales significó "la primera y fundamental ruptura con el colonialismo literario." (28-29)[17]

Descripción en la cual implícitamente se formula un tipo de teatro social, comprometido con un proceso de transformación social, el que es desplazado por otro en el cual, al parecer, esos problemas han desaparecido.

En el fondo, lo que aspiraban era a configurar una actitud más contemplativa frente a la realidad y a conformar nuevos sistemas de códigos estéticos y culturales en los espectadores potenciales. Aún más, su culturización teatral, el llevar textos a poblaciones o barrios marginales, implicaba representar Shakespeare o García Lorca en las poblaciones. La última frase citada resulta realmente irónica porque en el fondo no se trató de una "descolonización sino que de la sustitución de un sistema de coloniaje por otro. Sustitución que, a la vez, correspondía a los nuevos intereses políticos, económicos y culturales de los nuevos sectores en el poder. La sustitución del modelo "realista-naturalista" por uno "vanguardista" en el teatro es de una honda trascendencia social. El discurso naturalista-realista, con fuerte presencia de formas españolas, suponía un período de fuerte nacionalismo en los personajes, el lenguaje, temas y situaciones. El "vanguardista" modernizante buscaba alejarse de

---

[17] Estas ideas y las citas son, según explica Neglia, una síntesis de los planteamientos de Carlos Solórzano.

su propia realidad para demostrar su ser semejante al europeo. Su justificación era que "llevaban" cultura al pueblo. En la práctica, era un esfuerzo por imbuirles una cultura foránea, no práctica, sin relevancia para los problemas reales. El teatro, contra lo que creían estos culturizadores de buena voluntad, aspiraba a crear un destinatario inconsciente de su propia realidad.

Aunque estos movimientos de "modernización" del teatro han sido continuamente elogiados por el discurso crítico hegemónico, una explicación ideológica y política de su orientación resulta esencial para comprender las transformaciones del teatro y del discurso crítico. Una interpretación conduce a aceptar que en los años mencionados se produce el ascenso al poder político de los sectores burgueses nacionales, los cuales ascendieron apoyados por los sectores proletarios. El poder político y cultural, sin embargo, fue predominantemente de las burguesías, las cuales intentaron "culturizar" con su cultura tanto a sus propios medios como a sus aliados.

A este propósito Orlando Rodríguez hace notar: "Entonces esta burguesía se enfrentó a su vez, dentro del campo de la cultura, a crear organismos que sirvieran para extender la labor de culturización, que estaba limitada hasta ese momento a minorías nacionales, es decir: a la alta burguesía, a la aristocracia." (9)[18]

Muchas de las tendencias del discurso teatral de los últimos años, por el contrario, han aceptado la eficacia limitada del teatro y el teatro como instrumento social de renovación ideológica. En el fondo, éste es el supuesto de muchas de las propuestas de Boal, al enfatizar el destinatario marginal y la satisfacción de sus necesidades inmediatas. Ha sido el discurso crítico hegemónico, por el contrario, el que ha rechazado este tipo de lecturas circunscritas.

En este sentido, por ejemplo, resultan interesantes los intentos de los críticos por transformar algunos personajes del teatro latinoamericano en personajes símbolos de modos de existencia "atemporal," el identificar a los personajes o los conflictos configurados en los textos con otros "grandes textos" de Occidente, más allá de los límites de una condición histórica en que el texto los ubica. Del mismo modo, ha habido tendencia

---

[18] "Mesa redonda: hablan directores." *Conjunto* III, 7 (abril, 1968): 8-25.

a remitir a fuerzas del mal ahistóricas a los factores determinantes del mal particular en el infortunio de algunos de los protagonistas. Un caso sugerente es la interpretación de *Barranca abajo* como una versión del *King Lear* de Shakespeare, la cual diluye la significación social de este texto y, supuestamente, lo coloca a la altura de los grandes textos de Occidente.[19] Consideramos que los estudios de contextualidad deben estar dirigidos a mostrar las diferencias más que las semejanzas, la utilización más que la imitación.

Por ello, algunos aspectos de las teorías sobre los "actos de lenguaje" se constituyen en fundamentos para nuestra propuesta. Algunas de las tendencias contemporáneas de crítica y semiótica consideran los textos literarios como actos lingüísticos e insisten en la necesidad de entender su contexto, por cuanto las funciones perlocutorias e ilocutorias (función performativa) son tan importantes como la función locutoria. Las propuestas de Austin enfatizan el texto como acto performativo en una situación particular.[20] La comprensión de los deícticos dentro de una situación comunicativa específica llega a ser esencial para la decodificación del texto. Las funciones ilocutoria y perlocutoria exigen entender el contexto histórico en el cual el texto fue presentado —el contexto en el cual el acto lingüístico fue realizado— y su potencial destinatario como elementos importantes para develar el mensaje y descodificar el código utilizado. La situación particular y específica de la representación del texto latinoamericano llega a ser esencial para comprender el texto. Todo intento de sacarlo de la situación comunicativa —su contexto— está destinado a deformar el significado e imponer el sistema de valores y códigos del lector-crítico.[21] Así volvemos nuevamente a la imprescin

---

[19] Comentamos más extensamente esta propuesta en la edición canadiense de *Nueva interpretación y análisis del texto dramático* (Ottawa: Girol Books, 1989).

[20] Ver Mary Louise Pratt, *Toward a Speech Act Theory of Literary Discourse* (Bloomington: Indiana University Press, 1977).

[21] Ver algunas vías de acceso de la ideología al lenguaje y problemas de su formalización en José Romera Castillo (Coordinador): *La Literatura como signo* (Madrid: Editorial Playor, 1981) En el mismo volumen una interesante y sugerente proyección de la teoría de los actos de lenguaje es la de Juan Oleza

Para un modelo de historia del teatro 37

dibilidad de considerar el texto teatral como representado — actuado— en una situación histórica particularizada. Esta es, desde nuestro punto de vista, la respuesta al problema que plantea la interpretación histórica marxista que se inclina a explicar los textos sobre la base de los grandes movimientos universales. Creemos que todos los niveles de la historia funcionan en la producción de un texto, sin embargo en el caso del teatro, más que en otras formas culturales, el énfasis está en el mensaje válido y los códigos teatrales comprensibles para el espectador potencial histórico, inmediato.

Las propuestas de Foucault en *La arqueología del saber*[22] en cuanto a la necesidad de desplazar los principios, los métodos y los objetivos de la "historia de las ideas" y su sustitución por una "arqueología" conducen una vez más a la eliminación del criterio globalizante y la lectura totalizadora de la historia. Propuestas que conducen necesariamente a la postulación de "nuevas" historias literarias y, en el caso que interesa en este libro, nuevos modelos para la historia del teatro. Dentro de los principios uno de ellos nos parece especialmente funcional para nuestras hipótesis:

> El análisis arqueológico individualiza y describe unas formaciones discursivas. Es decir que debe compararlas, u oponer las unas a las otras en la simultaneidad en que se presentan, distinguirlas de las que no tienen el mismo calendario, ponerlas en relación, en lo que pueden tener de específico, con las prácticas no discursivas que las rodean y les sirven de elemento general. (263)

Dentro de esta misma línea de necesidad de pluralismo, resultan aún más convincentes las expresiones de Paul de Man con respecto a la desvalorización del observador como criterio fundamental. De Man anota:[23] "The fallacy of a finite and single interpretation derives from the

---

Simó, "La literatura signo ideológico: la ideologización del texto literario." (176-226).

[22] Michel Foucault, *La arqueología del saber* (México: Siglo XXI, 1979)

[23] Ver, por ejemplo, *Blindness and Insight. Essays in the Rhetoric of Contemporary Criticism* (Minneapolis: University of Minnesota Press, 1983).

postulate of a privileged observer: this leads, in turn, to the endless oscillation of an intersubjective demystification." (10) Por ello, afirma:

> There are no longer any standpoints that can a priori be considered privileged, no structure that functions validly as a model for other structures, no postulate of ontological hierarchy that can serve as organizing principle from which particular structures derive in the manner in which a deity can be said to engender man and the world. (10)

En este planteamiento, sin embargo, deben considerarse dos aspectos diferentes. El rechazo de la "totalización" hay que entenderlo como la negación de lo que podría denominarse el imperialismo del discurso crítico hegemónico. La "interpretación" de un proceso histórico desde un punto de vista no significa necesariamente la eliminación total de puntos de vista, sino que la posible validez de varios puntos de vista cada uno de ellos válido dentro del modelo que lo sustenta. Por lo tanto la pluralidad no supone que todos los puntos de vista sean igualmente válidos, sino que cada uno de ellos es válido dentro de su propio sistema. Por otro lado, en este proceso de destotalización surge el problema —que no constituye un tema de este libro— de la "interpretación" de textos individuales. Es decir, si es posible suponer la existencia de una unidad dentro de un texto y la posibilidad de proponer interpretaciones estructuralistas y funcionalistas de un texto particular. Para los intereses de este libro —necesidad de un modelo de periodización teatral y la inclusión de los discursos marginales en la historia del teatro— vale la pena enfatizar la afirmación de que ninguna estructura puede funcionar como modelo de otras estructuras. En el caso del teatro hispánico, los puntos de vistas, los criterios, han provenido esencialmente de un sector social y cultural. Una serie de perspectivas críticas recientes, tanto las que algunos califican como "desconstruccionismo," las que se agrupan en el llamado "nuevo historicismo," o la denominada "crítica cultural," tienden de una manera u otra a los mismos objetivos que proponemos en este libro: la necesidad de desconstruir el fundamento ideológico de los discursos críticos y evidenciar su historicidad e interrelación con la ideología de los grupos productores.

Capítulo 2

FUNDAMENTOS TEORICOS

1.- *Los supuestos*

Los principios desde los cuales vamos a fundar nuestros planteamientos teóricos y metodológicos, como asímismo algunas consecuencias prácticas, con respecto a los discursos críticos y las historias de los textos teatrales son los siguientes:

1.- Tanto el discurso dramático, el discurso teatral como el discurso crítico sobre estos son prácticas discursivas.[1]

2.- Toda práctica discursiva es ejercida desde la ideología del grupo productor, por lo tanto está fundada en los sistemas de valores y cifrada en los códigos de este grupo social o la "cultura" a la cual el grupo pertenece.

3.- La codificación del mensaje dentro de la práctica discursiva está mediatizada por el destinatario de la misma y el contexto en que esa práctica se lleva a cabo.

---

[1] Hemos establecido el distingo entre lo teatral y lo dramático en *Interpretación y análisis de la obra dramática* (1971) y ampliamos la distinción en *Interpretación del texto dramático* (1982). En estos libros proponíamos la necesidad de entender el texto dramático como texto en sí y la posibilidad de definir su especificidad, prescindiendo de su posibilidad de ser otra cosa: texto teatral. Esta perspectiva implicaba el rechazo de posiciones como la Gouhier *(La obra teatral)* o la de Ortega y Gasset en *Idea del teatro*. El énfasis en la actualidad se dirige a una posición contraria: acentuar la dimensión del texto como espectáculo. Ver, por ejemplo, los ensayos de Pavis, algunos de los cuales mencionaremos posteriormente. En el ámbito hispánico, la polémica sobre esta dualidad ha retornado. Véase, por ejemplo, Antonio Tordera, "Teoría y técnica del análisis teatral" en Talens, Romera Castillo, Tordera y Hernández Esteve, *Elementos para una semiótica del texto artístico* (Madrid: Ediciones Cátedra, 1983): 157-199.

4.- La práctica discursiva crítica difiere de la práctica discursiva teatral tanto en el tipo de destinatario, como el sistema en el cual es codificado.

5.- La práctica discursiva teatral no corresponde necesariamente a la ideología de la práctica del discurso crítico.

6.- El referente del discurso teatral es el "contexto" social en que se produce el texto. El referente del discurso crítico son los textos teatrales.

7.- Los factores mediatizadores en la plasmación de la ideología son diferentes y funcionan de modo específico en los discursos teatrales y en los discursos críticos.

Aunque en el desarrollo posterior de este libro, volveremos a referirnos a los supuestos implícitos o explícitos en que fundamos nuestras reflexiones, los mencionados originan una serie de preguntas tanto en el plano teórico como en el de la práctica de la lectura de los textos y la configuración de la historia literaria. Preguntas que obligan a repensar las historias del teatro y a cuestionarse los principios, generalmente, implícitos, en que se fundan.

a) ¿A qué grupo social corresponde el emisor del discurso dramático teatral? ¿A qué grupos sociales corresponden los discursos dramático-teatrales producidos en un determinado momento histórico? ¿A qué grupo social corresponden los destinatarios de los distintos discursos teatrales?

b) ¿En qué grupo social se insertan los emisores de los discursos críticos? ¿Quiénes son los destinatarios de estos discursos?

c) ¿Cuáles son los modelos de mundo que sustentan uno y otro discurso?

d) ¿Cuál es la relación entre los discursos teatrales y los discursos críticos?

2.- *El concepto de ideología*

Entendemos "ideología" como un término descriptivo que representa un conjunto de "discursos" de valores, representaciones y creencias relativamente coherentes que constituye finalmente un modelo de la "realidad." Desde esta perspectiva, una "ideología" se sustenta en determinadas estructuras de producción de modo que, en el fondo, pone de manifiesto las experiencias de sujetos individuales dentro de las experiencias sociales y las condiciones económicas en que éstas se producen. Entendemos ideología como una "construcción," como un modelo del mundo en el sentido usado por Lotman. Es una codificación discursiva de lo real desde la perspectiva de un grupo social y en relación conflictiva con los modelos del mundo elaborados por otros grupos sociales en un determinado momento histórico.[2]

3.- *El discurso crítico/ el discurso teatral*

En términos generales, tanto el discurso dramático teatral como el crítico aceptados como definidores o representativos de un determinado momento histórico corresponden a los sistemas de valores estéticos e ideológicos vigentes en los grupos culturalmente dominantes. Es decir, en un período histórico es posible encontrar una pluralidad de discursos teatrales, de los cuales sólo algunos alcanzan la categoría de definidores de su tiempo dentro de las historias literarias. Esta selección, naturalmente, es llevada a cabo por los emisores del discurso crítico hegemónico: el grupo poseedor y controlador del código estético y cultural dominante. La marginación de ciertos discursos teatrales de la historia del teatro no corresponde, entonces, a una esencialidad ahistórica. Su marginación se funda en la marginalidad social de sus productores o receptores o la marginalidad de sus códigos estéticos desde la perspectiva del productor del discurso crítico hegemónico.

Frente a la gran variedad y pluralidad de los discursos teatrales, el discurso crítico posee, en rasgos generales, una menor pluralidad, por cuanto la procedencia social del emisor y el status social del destinatario son menos variados que los de las potenciales prácticas discursivas teatrales. Como ampliaremos posteriormente, el emisor de discursos teatrales ha pertenecido a una gran variedad de grupos sociales o culturales. Los sectores medios cultos han producido textos para diversidad de destinata-

---

[2] Para el concepto de "ideología", ver Karl Marx. *La ideología alemana* (México: Ediciones de la Cultura Popular). Es especialmente clarificador en este sentido el texto de Terry Eagleton, *Criticism & Ideology* (London: Verso, 1978). Ver también Juan Carlos Rodríguez, *Teoría e historia de la producción ideológica* (Madrid: Akal, 1974) y Louis Althusser, *La filosofía como arma de la revolución* (México: Siglo XXI,1974, 6a. ed.).

rios, ya sean sectores campesinos, obreros, o los mismos sectores medios cultos urbanos. Por otra parte, los sectores obreros han producido textos para destinatarios de su mismo grupo social o de otros sectores sociales. El discurso crítico tiende a prescindir de esta discrepancia y variedad y parte del supuesto de la objetividad de sus aserciones, sin considerar su propio destinatario y el condicionamiento que éste representa. La consideración de esta pluralidad, consideramos, debe ser un constituyente significativo de un modelo de historia literaria. Pese a los distintos discursos críticos que distinguiremos en un capítulo posterior, el emisor del discurso crítico, generalmente, pertenece a los sectores cultos hegemónicos y sus destinatarios también corresponden a los mismos sectores. Aún es más limitado en el caso del discurso crítico académico que se constituye en un diálogo entre los miembros de un grupo minoritario y extremadamente elitista.

Aunque en teoría, o en una primera mirada ingenua, podría pensarse en que hay una íntima interrelación entre discursos críticos y discursos teatrales, ya que éste es el referente del anterior, el problema en realidad es más complejo y tiene numerosas variantes provenientes de factores mediatizadores, tanto desde el punto de vista sociohistórico como estético y cultural. Un modo de enfrentarse al problema sería establecer las relaciones y los factores mediatizadores diferenciados en los tipos de discursos que distinguiremos posteriormente. A modo de ejemplo, podría señalarse la ya mencionada variedad del destinatario de cada uno de los discursos, los factores editoriales y económicos —tanto de revistas como de libros— que condicionan el discurso del crítico, el poder político y su interés en el manejo del teatro como instrumento cultural o político, la relación entre ciertos códigos estéticos y las tendencias ideológicas, etc.

4.- *La deshistorización del discurso crítico*

Pese a las variantes originadas en distintos "poderes" o distintas formas del "poder" funcionando en el transfondo de los discursos críticos —lo que comentaremos en un capítulo posterior— y pese a las transformaciones en los últimos años, un examen general del discurso crítico sobre el teatro hispánico evidencia, con diversos grados de énfasis en cada caso, una tendencia común hacia la deshistorización de los textos y la descontextualización teatral.[3]

a) *La deshistorización como universalidad.-* Deshistorizar, para nosotros, significa que la mayor parte de los estudios críticos tiende a enjuiciar los textos teatrales desde la perspectiva de una supuesta universalidad de valores y una condición humana fuera de la historia. Lo que tiene como consecuencia, a la vez, que se tienda a analizar los textos con métodos o estrategias metodológicas que enfatizan la dimensión estructural, genérica —lo dramático—estilística. Las razones de esta característica no es única, aunque en términos generales se puede pensar en la dependencia cultural del discurso crítico con respecto a los centros del poder cultural. Naturalmente, otro importante factor es "la moda" o el predominio dentro del discurso crítico hegemónico de ciertas tendencias críticas en el discurso crítico o cultural europeo. Es preciso observar, sin embargo, causas más inmediatas.

b) *El caso de España. Las editoriales españolas.-* En el caso de España después de 1940, por ejemplo, no es de sorprenderse de la ausencia de métodos sociológicos por cuanto toda sociología de la literatura se ha vinculado o asociado con una interpretación marxista y, naturalmente, bien pocos profesores españoles o críticos viviendo en España después de la Guerra Civil hubiesen querido ser marcados como marxistas. Este trasfondo político y social explica a la vez la clase de libros teóricos o de metodología literaria publicados en España durante el mismo período. Un caso ejemplar, desde esta perspectiva, de enorme trascendencia para los estudios teóricos españoles y latinoamericanos es la Editorial Gredos que, con su poder económico y excelente sistema de distribución, formó toda una generación hispánica dentro de corrientes de pensamiento idealista, especialmente de origen o raigambre alemana, como hemos mencionado en el capítulo anterior. Esta relación con la tradición cultural,

---

[3] Hemos caracterizado nuestra concepción de "contextualidad teatral" en *Análisis e interpretación del texto dramático* como el contexto en el cual el autor produjo el texto en consideración a la existencia de un público potencial para el mismo y las circunstancias que harían posible su representación. En estudios recientes, se usa la expresión el contexto de la producción. En este libro utilizaremos las dos expresiones.

teórica y lingüística tampoco es de sorprender en la época de Franco. Aún el carácter ecléctico de la *Teoría literaria* de Wellek y Warren[4] fue visto esencialmente en dirección de las concepciones idealistas. Por ejemplo, el capítulo destinado a la ontología de la obra literaria, pese a la narración de una pluralidad de posibilidades es visto finalmente como la propuesta de un cosmos ficticio autosuficiente. Concepción enfatizada, por ejemplo, por Félix Martínez en su *Estructura de la obra literaria*.[5] El tema central de Martínez fue el de la ontología de la "obra literaria," y la respuesta a su interrogante se resuelve en la dirección del objeto como autónomo y ficticio y conformado por estratos en la línea de Roman Ingarden. Posteriormente en la *Teoría de la literatura* de Aguiar e Silva se insiste en la misma concepción en la que se define el texto literario como un objeto ficticio. En los años cincuenta en América Latina, casi la única opción para los interesados en problemas teóricos o lingüísticos eran las editoriales españolas. La aparición de Ediciones Guadarrama, en especial con las traducciones de algunos de los libros de Arnold Hauser, por ejemplo, abrió una perspectiva diferente y la justificación para metodologías de orientación social o sociológica.[6]

c) *La teoría del teatro y las editoriales*.- La teoría del teatro no formó parte de los intereses de estas editoriales, lo que creó un desfase teórico con respecto al teatro que se mantuvo por muchos años y sólo recientemente se ha comenzado a superar.[7] La situación, sin embargo, ha sido diferente en el caso de Hispanoamérica y España. Mientras en España, la despreocupación ha sido casi completa hasta los recientes estudios de

---

[4] Madrid: Gredos, 1954. La primera edición norteamericana es de 1949.

[5] Santiago: Editorial Universitaria, 1960.

[6] Uno de los muchos aspectos que falta estudiar dentro del tema de este libro es la influencia de las editoriales en la formación del pensamiento crítico y, a la vez, las raíces económicas o institucionales de las casas editoras.

[7] Sólo algunas editoriales argentinas se interesaron por la teoría del teatro, aunque su poder económico y su sistema de distribución no le permitieron la enorme influencia de las editoriales españolas.

Antonio Tordera[8], en Hispanoamérica editoriales argentinas publicaron tempranamente libros sobre temas teóricos con respecto al teatro. Las traducciones de los libros de Henri Gouhier —*La obra teatral, La esencia del teatro*[9] —, las publicaciones de Raúl Castagnino estimularon la discusión en la dirección teórica,[10] aunque los planteamientos teóricos pocas veces alteraron radicalmente el análisis de los textos teatrales. Gouhier, por ejemplo, en *La obra teatral* comienza apuntando "La obra teatral se crea para ser representada" (17), frase que implicaba la necesidad del público como factor a considerar en el análisis. Han tenido que pasar muchos años y aparecer nuevas tendencias críticas para que el destinatario del texto adquiera relevancia para el discurso crítico sobre el teatro. En mi libro *Interpretación y análisis de la obra dramática,*[11] esencialmente estructuralista, se plantea, bajo la influencia del estructuralismo-genético de Goldmann, la necesidad de proyectar el análisis estructural y funcional a la visión de mundo sustentadora del texto. Pese a esto, sin embargo, el énfasis de ese libro está en el análisis funcional y estructural del texto como un todo estructurado y como texto dramático. Luis Díaz Márquez, en Puerto Rico, dedica un capítulo de su *Teoría del género*

---

[8] De Antonio Tordera ver especialmente: "Semiótica del espectáculo," en *Elementos para una semiótica del texto artístico.* Ver también "Aspectos sociales y asociales de la esencia del teatro," GESTOS, 3 (Abril, 1987): 11-28.

[9] Henri Gouhier. *La esencia del teatro* (Buenos Aires: Ediciones del Carro de Tespis, 1956), *La obra teatral* (Buenos Aires: EUDEBA, 1958).

[10] *Teoría del teatro* (Buenos Aires: Editorial Nova, 1956).

[11] Santiago: Editorial Universitaria, 1971. Segunda edición chilena, 1986. La primera edición de Girol Books (*Interpretación y análisis del texto dramático* 1982) incluyó grandes cambios tanto en los planteamientos teóricos como la ejemplificación. En la edición canadiense desaparecieron muchos de los ejemplos europeos y fueron sustituidos por ejemplos de textos y contextos latinoamericanos. La última edición, titulada *Nueva Interpretación y análisis del texto dramático* (Ottawa: Canada: Girol Books, 1990) representa una superación del estructuralismo y su reutilización con perspectivas semióticas, desconstruccionistas y de teoría de la recepción. Con respecto a las anteriores se eliminaron y agregaron secciones y capítulos.

literario[12] a "El género dramático." Su énfasis está en "lo dramático" y no "espectacular." Algunas de sus fuentes son semejantes a la edición chilena de mi *Interpretación y análisis de la obra dramática*, pero desarrolla varios conceptos "intrínsecos" nuevos. Uno de ellos, que desde otra perspectiva, puede dar frutos interesantes es el "destinatario ficticio." Tomando como punto de partida el concepto desarrollado por mí de "hablante dramático básico" propone un destinatario de este hablante. Su referencia a la representación teatral es indirecta.[13]

d) *La universidad*.- Con respecto al discurso teórico, producido especialmente por individuos vinculados a las universidades, éste no es sino una manifestación del divorcio para el investigador de los centros universitarios entre praxis política y social, la investigación científica y las reflexiones teóricas. La mayor parte del discurso teórico pretende ser política y socialmente neutra. Sin embargo, no hay teatro social o políticamente neutro. Estas orientaciones idealistas han conducido a que el análisis enfatice la supuesta funcionalidad "estética" de los componentes de un texto. Desde este punto de vista se ha tendido a dejar fuera gran número de textos cuyo compromiso político o social resulta evidente.

e) *Las categorías universalistas*.- Por otra parte, el discurso crítico al insertar los textos teatrales en categorías ha utilizado como punto de referencia o como categoría las corrientes artísticas o "culturales" de los discursos hegemónicos y la valoración de los mismos de acuerdo con los cánones y valores establecidos por los practicantes de esos discursos críticos. Esta lectura conduce a que tanto los períodos como las tendencias en las cuales se ubica a los textos teatrales hispánicos correspondan a fórmulas o categorías definidas sobre la base de textos europeos o irrelevantes para su significación ideológica. Por ejemplo, muchas historias utilizan las categorías de "neoclasicismo," "romanticismo," "realismo," "teatro del absurdo," "vanguardista," con lo cual originan una

---

[12] Madrid: Ediciones Partenón, 1984. Ver especialmente las páginas 239-273.

[13] Muestra del interés de las editoriales argentinas por la teoría del teatro son los varios libros de Editorial Galerna dedicados al tema.

lectura constatadora de rasgos, de presencia de características más que reveladora de los textos en su propia contextualidad.[14] Esta postura condiciona la percepción de los textos en cuanto utilizan los procedimientos técnicos derivados del discurso teatral hegemónico y limita su valor "estético" a la similaridad con los llamados "grandes" textos teatrales. Esta tendencia de la crítica, entre otras consecuencias, contribuye a la imagen de los dramaturgos hispanoamericanos como predominantemente utilizadores o, en el mejor caso, adaptadores de las corrientes teatrales europeas. Por ello, un buen número de las "lecturas" de los textos hispanoamericanos y españoles ha sido realizada desde la perspectiva del discurso teatral europeo. Esta tendencia ha sido más absorbente con respecto a los textos teatrales latinoamericanos que los españoles. De este modo, por ejemplo, la utilización de los mitos en el teatro europeo condujo al análisis y producción de textos hispanoamericanos en su interrelación con los mitos clásicos, privilegiando este tipo de intertextualidad —con lo griego o latino— en contra de los mitos latinoamericanos. Los propios dramaturgos, en muchísimas ocasiones, necesitan configurar el personaje del tirano sobre la base de los mitos clásicos en vez de acentuar el referente, del cual existe un número abundante en el mundo hispánico.

Naturalmente, la causa de esta privilegización tiene sus raíces históricas y sociológicas y no exclusivamente estéticas. En el caso de América Latina, por ejemplo, la evidente dependencia de los círculos culturales latinoamericanos con respecto a los discursos teóricos europeos no es sino otro indicio de la dependencia económica y cultural de los sectores productores de las formas culturales de las economías hegemónicas. Los sectores medios —productores de las formas culturales hegemónicas— aceptan como medida de valor su semejanza con lo europeo en el afán social de probar el ser parte de la cultura europea u occidental. Aunque en este plano, son numerosas las variantes, tanto entre Hispanoamérica y España como entre los distintos países o momentos históricos de las dos zonas, en términos generales, la dependencia es

---

[14] He desarrollado una crítica de este sistema de periodización en mi libro *Teoría de historia literaria y poesía lírica* (Ottawa: Girol Books, 1984)

innegable.[15]

e) *El realismo y el antirrealismo en España*.- En cuanto a España, se ha producido un fenómeno sugerente. Además de la utilización del concepto de "generaciones" como sistema de periodización, los críticos han insistido en criterios como "realismo" y "antirrealismo" para insertar los textos teatrales contemporáneos, que, en el fondo, designan muy poco y nada dicen de los textos en sí o del contexto de su producción.

Francisco Ruiz Ramón, autor de la sin duda mejor historia del teatro español y uno de los más lúcidos comentadores del mismo, no puede escapar a esta tradición dominante. Para describir tendencias, Ruiz Ramón utiliza una pluralidad de criterios en los que se combinan los modelos anteriormente enunciados. Pese a la inteligencia y funcionalidad con que los utiliza, en ciertos momentos se hace necesario precisar el significado "real" y particularizado de la descripción.[16] Un ejemplo sugerente es la referencia al teatro "poético" en los años veinte.

> Antes de terminar la primera década del siglo XX vuelve a surgir en la escena española el teatro poético en verso, de signo antirrealista, como reacción de una parte, al teatro naturalista triunfante, y en conexión, de otra parte, con la nueva estética modernista, con la cual sólo superficialmente y sólo en sus comienzos estará entroncado el teatro poético. Pronto una nueva influencia se hará sentir, desplazando al modernismo: la influencia del drama romántico, despojado de su énfasis formal y de su carga patética, y a través de éste, la del drama nacional del Siglo de Oro. (63)

El único modo de entender "realmente" las características del teatro producido en el momento, sería redefinir, acotar, la significación de los conceptos utilizados. De este modo, desde nuestra perspectiva habría que

---

[15] Sobre esto ver los numerosos estudios sobre la teoría de la dependencia con respecto a las producciones culturales latinoamericanas. Este aspecto ha sido menos estudiado en relación a España.

[16] Francisco Ruiz Ramón, *Historia del teatro español Siglo XX* (Madrid: Ediciones Cátedra, 1975).

examinar el significado de, por ejemplo, "naturalista triunfante," "signo antirrealista," "nueva estética modernista," "drama romántico." Por otro lado, surge el cuestionamiento de si en vez de "redefinir" los conceptos no sería mejor proponer nuevos términos que definan con mayor precisión el acontecimiento teatral que se describe. Ruiz Ramón, por ejemplo, inmediatamente después de esta presentación establece una iluminante relación entre la emergencia del "teatro poético" y la necesidad de la conciencia española:

> La función de este teatro fue en su origen suministrar a la conciencia nacional en crisis unos arquetipos, aunque con riesgo anejo de la idealización, del ademán retórico, de la abstracción y de la evasión, peligros que acabaron señoreándolo y convirtiéndolo en un teatro brillante, pero vacío, puro ejercicio de virtuosismo dramático, herido de muerte por su falta de visión totalizadora de la historia, por su desconexión con la realidad nacional y por su apologetismo a ultranza. (63)

Un aspecto no considerado en esta utilización de "términos" es el origen de los mismos y las connotaciones implícitas en el pasado y en el presente. El término "realismo," entendido como un modo de representación literaria o artística fue enfatizado por Ramón Menéndez Pidal como un modo de definir una peculiaridad de la épica española o una supuesta peculiaridad española. Por lo tanto, el cuestionamiento se refiere a la significación ideológica y cultural del término en el modelo cultural de Ramón Menéndez Pidal a comienzos de siglo. Es interesante —y curioso por la cita anterior— que el término "realismo" en el sentido indicado emerge con una fuerte connotación positiva de autenticidad nacional y que el teatro "poético" de que habla Ruiz Ramón implícitamente involucra un mismo modelo cultural: un supuesto realismo fundador de mitos nacionales.

f) *El sistema generacional*.- Hemos comentado previamente la insistencia en el uso del llamado método histórico generacional como sistema de periodización. Un ejemplo extremo del ejercicio de periodización "generacional," agravada con la persistencia en la utilización del vago e indefinido concepto de "realismo" son los debates en torno al teatro español contemporáneo. Pese a la conciencia de la ineficacia del método se tiende a seguir usándolo bajo el peso de la tradición. Un buen ejemplo de esta "agonía" se advierte en *Disidentes de la generación realista* de César Oliva.[17] Este excelente crítico reconoce la falla del sistema: "El nominar al grupo de los *realistas* como *generación* nos hace volver la mirada hacia la teoría generacionista, teoría un tanto anticuada, ya que fue..." (23-24) Oliva pese a reconocer la deficiencia —desde un punto de vista diferente del nuestro— lo comenta y lo trata finalmente de modo serio al utilizar la versión de Pedro Salinas de las teorías de Petersen y buscar su confirmación con la inserción de grupo de dramaturgos españoles contemporáneos dentro de "la generación realista."

En el caso de las historias del teatro hispanoamericano, la mayor parte de los historiadores ha recurrido a las teorías generacionales. Además de los ya conocidos libros dedicados al tema.[18] En un libro reciente, Beatriz J. Rizk[19] recurre como criterio inicial a la calificación de "generaciones" para bosquejar los "Antecedentes del nuevo teatro en la América Latina" y cita a varios críticos que lo han utilizado. Sin embargo, luego prácticamente prescinde de él y habla de acuerdo con conceptos tradicionalmente aplicados a la historia del teatro para concluir hablando de la "generación del nuevo teatro," la que dice muy poco con respecto a la pluralidad, diversidad e historicidad del teatro hispanoamericano del momento.

De las observaciones anteriores se infiere la necesidad de establecer,

---

[17] Murcia: Publicaciones de la Universidad de Murcia, 1979.

[18] Ver también el excelente "Estudio preliminar" de Osvaldo Pellettieri a su edición de Roberto M. Cossa, *La pata de la raposa. Ya nadie recuerda a Chopin* (Buenos Aires: Editorial Abril, 1985). Del mismo crítico es importante su "Modelo de periodización del teatro argentino" en *Teatro argentina contemporáneo 1980-1990*. (Galerna: Buenos Aires, 1994, 13-24). Un buen examen crítico de las periodizaciones propuestas en historias del teatro hispanoamericano es el de Enrique Giordano, *La teatralización de la obra dramática* (México: Premiá Editora, 1982) Ver, además, el libro citado de Frank Dauster *Perfil generacional del teatro hispanoamericano* en el que hay una ardiente defensa de la teoría generacional.

[19] *El nuevo teatro latinoamericano: una lectura histórica* (Minnesota: Prisma Institute, 1987).

Para un modelo de historia del teatro 51

una vez más, nuevos modelos para el el estudio del teatro español e hispanoamericano. Esta renovación ha de conllevar la historización del discurso teatral y la revelación de los códigos ideológicos que sustentan el discurso crítico en sus diversos niveles y manifestaciones.

5.- *Contextualización del discurso teatral*.-

La expresión "historizar," sin embargo, supone una serie de connotaciones, las que en este capítulo queremos mencionar brevemente y que desarrollaremos con mayor extensión en la totalidad del libro. Desde este punto de vista "historizar" significa establecer la contextualidad del discurso teatral. Es decir, la producción de significado dentro del contexto social y político de la época en que fue producido o representado. Entender el texto como un proceso de comunicación en una sociedad y circunstancia particularizada y diferenciada. El texto teatral es una producción de sentido dentro de una contextualidad limitada para un espectador potencial relativamente acotado. De este modo, las fechas de escritura o de estreno de los textos constituyen un dato esencial en la lectura de los textos teatrales. Esta concepción de historizar es ligeramente diferente de los postulados de algunos críticos marxistas. Jameson, por ejemplo, recurre a un planteamiento semejante al afirmar que todo texto se encuentra en una serie de "marcos" históricos de diversa amplitud.[20]

> in particular we suggest that such a semantic enrichment and enlargement of the inert givens and materials of a particular text must take place within three frameworks, which mark a widening out of the sense of the social ground of a text through the notions, first, the political history, in the narrow sense of punctual events and a chroniclelike sequence of happening in time; then of society, in now the less diachronic and time-bound sense of a constitutive tension and struggle between social classes; and, ultimately, of history now conceived in its vastest sense of the sequence of

---

[20] Frederic Jameson, *The Political Unconscious* (Ithaca: Cornell University Press, 1981).

modes of production and the succession and destiny of the various human social formations, from prehistoric life to whatever far future history has in store for us. (75)

Nuestra diferencia fundamental se refiere a cuál de esos enmarcamientos históricos se le debe conceder una significación mayor en la producción de significado en los textos teatrales. Aunque es indudable, desde una perspectiva funcionalista que el comportamiento de un grupo social puede ser visto en última instancia como parte de la "historia de la humanidad" y que la interpretación de esa "historia" viene a explicar el comportamiento individual del grupo, no es menos cierto que en muchas ocasiones esta interrelación es remota y, en otras, inmediata, y que entre una y otra hipótesis intervienen numerosos factores mediatizadores, entre los cuales la función del arte dentro de la ideología del grupo productor de arte es uno de los de mayor importancia. Por ello, en algunas instancias históricas el marco más significativo es el contexto inmediato de la producción del texto teatral y las preocupaciones del grupo productor o la interrelación entre el representante del grupo productor y su intencionalidad y representación del grupo constituyente del destinatario potencial.

a) La Hiedra *de Villaurrutia*.- Un ejemplo dentro del teatro hispanoamericano podríamos representarlo con *La hiedra* de Xavier Villaurrutia. Este texto, que ha sido muy bien analizado como una versión del mito griego de Fedra dentro de un espacio mexicano, adquiere su significación real al insertarlo en el contexto mexicano hacia 1941.[21] Su relevancia ideológica sería del todo diferente si la fecha de producción hubiese sido unos pocos años antes o unos pocos años después. Entre 1934 y 1940 es Presidente de México Lázaro Cárdenas, un presidente polémico, conflictivo, revolucionario, ansioso de reformas que favorecían a los sectores populares. En 1940, sube al poder Avila Camacho, con el cual surge una tendencia al conservatismo y a detener el ritmo de las reformas. Ernesto —de quien Teresa hacia el final de la obra, comenta "Ernesto es mejor

---

[21] Sobre *La Hiedra* veáse Grínor Rojo, *Los orígenes del teatro hispanoamericano contemporáneo*, especialmente, 164-179.

que nosotros y, desde luego, más lúcido" (301)— propone el no hacer nada, el evitar tratar de hacer el bien —dice— porque todo hacer el bien trae el mal a alguien. Ernesto representa el hombre "sabio" dentro de la historia, el individuo que es capaz de superar sus pasiones y actuar racionalmente. Este personaje afirma: "He dicho que para mantener el equilibrio de la humanidad, el mal que quitas de un lado de la balanza tiene que reaparecer necesariamente en otro. La víctima en este caso puede ser un desconocido, ajeno a todo lo que a ti te acontece; puedo ser yo, puedes ser tú mismo, en fin... cualquiera." (275) Ernesto postula la inevitabilidad del mal, la necesidad de la existencia del mal para mantener la armonía de la humanidad. En 1936, posiblemente, esta posición hubiese sido antirrevolucionaria; en 1941 coincide con la tendencia política en el poder.[22]

b) Petra Regalada *de Antonio Gala*.- Semejante sería la discrepancia ideológica de la lectura de un texto español como *Petra Regalada* de Antonio Gala, escrita y producida después de la muerte de Franco. Se estrena el 15 de febrero de 1980 en el Teatro Príncipe con bastante éxito de público.[23]

El texto presenta la situación de la transición del poder de un viejo que muere —don Moncho— y la emergencia de un joven redentor con ideas socialistas —Mario— quien asume el poder a la muerte del cacique. El supuesto redentor traiciona los intereses del "pueblo" y es finalmente derrocado por el grupo de mujeres que asume la representatividad del pueblo. En primer término, difícilmente el texto podría haberse representado antes de la muerte de Franco, aún más, es posible que ni siquiera hubiese podido escribirse. Algunos críticos han

---

[22] Desarrollé más extensamente este aspecto en el ensayo "*La Hiedra* de Xavier Villaurrutia y la imagen de la sociedad mexicana," aparecido en *Explicación de textos literarios* (1987).

[23] Sobre *Petra Regalada* véase la excelente edición de Phyllis Zatlin, Antonio Gala, *Noviembre y un poco de Yerba. Petra Regalada* (Madrid: Ediciones Cátedra, 1983). Sobre Gala veáse también la edición de José Romera Castillo *Los verdes campos del edén. El cementerio de los pájaros* (Madrid: Plaza y Janés, 1986). La extensa introducción es una visión muy completa de la vida y la obra de Antonio Gala.

señalado la identificación posible de algunos personajes con políticos españoles de la época. Si el texto hubiese sido producido antes de la muerte de Franco, bien podría haberse interpretado como antisocialista o antidemocrático por cuanto configura un espacio en el cual, pese a la corrupción del régimen dominante, el "redentor" implica un nuevo sistema que va a transigir con el antiguo, pese a sus promesas. Después de la muerte de Franco y en el medio del gobierno socialista, el texto aparece como un llamado de alerta para mejorar un sistema democrático, con menos concesiones al antiguo régimen y mayor participación de los sectores populares. Deshistorizar, en este caso, sería analizar el texto sólo en su función estética y no su representatividad como posición ideológica de unos sectores sociales españoles, ni su potencial intencionalidad con respecto a determinados sectores sociales.

La deshistorización es más evidente y aún más significativa cuando se trata de textos teatrales con indiscutible connotación política particularizada, especialmente cuando se trata de períodos de represión política, lo que fuerza a los autores a "codificar" crípticamente el mensaje, lo que lleva a los críticos a proponer su universalidad," aunque los destinatarios del texto teatral lo perciben primariamente como un mensaje político de significación inmediata.

c) *El autor como productor de significado.-* Historizar también significa entender al autor como productor de significados. Es decir, conceder importancia al autor en cuanto un individuo frente al mundo, frente a su circunstancia y cuya respuesta no constituye una respuesta individual sino una respuesta colectiva, desde la perspectiva de un determinado modelo de mundo producto de una ideología. En términos de Goldmann, el individuo no es creador de visión de mundo, la visión de mundo es una estructura mental del grupo social. Lo comunicado en un texto, para Goldmann entonces, es la conciencia colectiva, las estructuras mentales de un grupo social.[24] Aunque en este libro usaremos la expresión modelo

---

[24] Sobre los planteamientos de Goldmann, ver especialmente: *Para una sociología de la novela* (Madrid: Editorial Ciencia Nueva, 1967), *El hombre y lo absoluto* (Barcelona: Ediciones Península, 1968), *Investigaciones dialécticas* (Caracas: Universidad Central de Venezuela, 1962), *Las ciencias humanas y la filosofía* (Buenos Aires: Ediciones Nueva Visio'n, 1967), *La Ilustración y la*

del mundo en el sentido utilizado por Lotman, la afirmación de su carácter colectivo, constituido por el discurso de un grupo social, nos parece válida, pese a la problematización de los planteamientos de Goldmann.[25] De este modo, la oposición autor-creador /autor-productor se hace realmente significativa, concepción que, en el caso del teatro llega aún a ser más importante por cuanto con el término "productor" se incluye al director y al grupo teatral que pone el texto en escena.

d) *El texto como espectáculo. El espectador*.- El entendimiento del texto teatral como espectáculo potencia el considerar como factor esencial de la contextualidad teatral al destinatario del mismo, el público. La importancia del público es afirmada por la mayor parte de los críticos, directores y actores. El análisis de los textos, sin embargo, pocas veces consideran verdaderamente al destinatario potencial o real. Esta perspectiva implica considerar tanto la posible pluralidad o diferencias de los públicos hispánicos como el destinatario de los llamados textos clásicos.

Es muy frecuente la discrepancia entre los "éxitos" españoles y la evaluación de los críticos internacionales. Generalmente, no se trata sólo de una obra sino que de autores o tendencias. Aún más, con frecuencia es el fracaso de los "clásicos," frente a lo cual los críticos desgarran vestiduras por la "incultura" del público. Alfonso Paso, por ejemplo, es un dramaturgo que no es considerado como uno de los "grandes" autores españoles contemporáneos. Luis Molero Manglano afirma:

Y terminemos diciendo que, a nuestro juicio, el éxito sin prece-

---

sociedad actual (Caracas: Monte Avila Editores, 1968), *El teatro de Jean Genet* (Caracas: Monte Avila Editores, 1968), "La sociología de la literatura: situación actual y problemas de método," en *Sociología de la creación literaria* (Buenos Aires: Ediciones Nueva Visión, 1971), "Revolución y democracia" en *Sociología y revolución. Teoría y Praxis* (México: Grijalbo, 1973), *Marxismo y ciencias humanas* (Buenos Aires: Morrortu Editores, 1975) Ver también: Goldmann, Escarpit, Hauser y otros. *Literatura y sociedad* (Buenos Aires: Centro Editor de América Latina, 1971).

[25] Un examen crítico de las teorías de Goldmann y la propuesta del remanente "idealista" de su posición puede verse en Marc Zimmerman, *Lucien Goldmann: El estructuralismo genético y la creación cultural* (Minneapolis: Institute for the Study of Ideologies and Literature, 1985).

dentes del teatro de Paso —consúltense las liquidaciones de taquilla y recuérdese el número de representaciones de ....— se debe, eminentemente, a su identificación con la sociedad y el público de su tiempo, un tanto sediento de que los autores hablaran 'de sus cosas', en 'román paladino en el cual suele hablar el pueblo a su vecino.' [26]

En el caso de América Latina, la mayor parte, si no la totalidad, de los textos teatrales calificados como representativos —discurso teatral hegemónico— son productos de emisores de los sectores medios que escriben para un público de su mismo grupo social. De este modo, el análisis obliga a relacionar las transformaciones de este sector del teatro hispanoamericano con las experimentadas por las ideologías y sistemas de valores de los sectores medios. Estos cambios no son ni semejantes ni siempre coincidentes en todos los países, precisamente porque la evolución social, económica y política son diferentes. El ritmo de industrialización o la conformación ideológica de los sectores medios, por ejemplo, entre Argentina, Bolivia, México, Chile o España, es distinto como asímismo la función de sus clases medias y la posición de las mismas en las diversas circunstancias históricas. Por lo tanto, reducir el teatro latinoamericano sólo a tendencias generales, sobre la base de categorías fundadas en textos no hispánicos, sin poner al menos alguna atención a las diferencias o la funcionalidad de esas diferencias con respecto al destinatario es eliminar una dimensión relevante del texto producido como teatro.

e) *La diversidad de las contextualidades.-* La coexistencia cronológica de los países latinoamericanos no justifica la búsqueda de uniformidad. Una rápida comparación de la situación política entre 1970 y 1980, por ejemplo, confirma la falsedad de la semejanza y, en consecuencia, el error de interpretar los textos producidos en esos contextos con los mismos parámetros, uno de los cuales sería el enfatizar el macromarco histórico. Chile comienza la década con un triunfo político de tendencias

---

[26] Luis Molero Manglano, *Teatro Español Contemporáneo* (Madrid: Editora Nacional, 1974): 119.

marxistas y luego, a partir de 1973, sigue un gobierno militar que reprime las ideologías de izquierda. Las circunstancias, los mensajes de los discursos teatrales dominantes en cuatro o cinco años cambian radicalmente, aunque se conservan ciertas tendencias en cuanto a los procedimientos teatrales. Antes de 1970, obviamente los sectores medios chilenos son provocados y buscados por productores teatrales predominantemente marxistas o democrata-cristianos, con procedimientos teatrales de origen europeo. Después del ascenso de la Unidad Popular, hay una fuerte inclinación de la gente de teatro hacia la izquierda y los grupos teatrales demócrata cristianos se ven obligados a proponer respuestas sociales diferenciadas de las de la Unidad Popular. En 1973, toda opción de propuestas de izquierda política desaparece y sólo vuelve a emerger varios años después con distintos disfraces. El punto clave para la teoría propuesta es que en este caso, un desplazamiento de unos pocos años condiciona cambios sustanciales de los modos de producción teatral y su significado y que aún la opción por los enmarcados teatrales —las escuelas literarias— está condicionada parcialmente desde fuera del texto. Perú durante el mismo período se encuentra esencialmente bajo un gobierno militar de tendencia izquierdista, revolucionaria y nacionalista, el que pierde poder a fines de la década para dar paso a un gobierno de centro derecha. Es decir, una vez en unos pocos años el péndulo político ejercedor del poder y, por lo tanto controlador directa o indirectamente de las producciones teatrales apunta a fuerzas de poder con diferentes connotaciones o percepciones sociales con respecto a los sectores medios. Cuba es gobernada por un sistema marxista-leninista con fuerte control ideológico y cultural, por lo tanto la tendencia dominante es el de un teatro de servicio a la revolución, aunque también es posible observar fuertes cambios determinados por los desplazamientos oficiales con respecto a la cultura o los diferentes destinatarios de los grupos teatrales. Argentina vive esencialmente un período de control militar. Puerto Rico carece de las interferencias de las fuerzas armadas evidentemente perceptibles en los otros países y sus intelectuales parecen preocuparse principalmente por el problema de la identidad nacional y el tema de la "estatidad." México, pese a la semejanza de algunos de los problemas sociales con el resto de América Latina, carece de dictadura militar, pero a la vez posee un gobierno que se autogenera. Así como los sistemas de gobierno políticos son diferentes, también lo son las respuestas económicas que ofrecen a la crisis social. ¿Cómo ponen de manifiesto las producciones culturales esta diversidad de condiciones y pluralidad de respuestas? Consideramos que la atención hacia lo diferenciador hará ver lo específico. Hasta el momento la tendencia ha sido a buscar lo semejante.

No olvidemos que el productor tiene que crear una imagen verosímil del mundo para su público potencial. Por lo tanto, en muchas ocasiones, para la configuración del mundo o la conformación de ciertos personajes, la imagen del mundo del receptor o destinatario llega aún a ser más importante que la del productor. El público potencial o real de un texto teatral ha sido poco estudiado. Generalmente sabemos poco más allá de la fecha de estreno y, a veces, no nos importa siquiera si ha sido estrenado. Es decir, si el texto ha quedado como texto dramático y jamás ha alcanzado la objetividad de texto teatral. Hecho que muestra la frecuente discrepancia entre los juicios del discurso crítico hegemónico, hacedor —"escribidor"— de la historia del "teatro." Se da el caso que el discurso crítico extranjero concede el título de grandes "obras del teatro," por ejemplo, a textos que nunca han sido representados sin siquiera analizar la interrelación texto-destinatario y los factores mediatizadores del fenómeno teatral para justificar nuestras discrepancias con "los gustos teatrales" del espectador potencial.

f) *La sala de espectáculos.-* Otro aspecto, vinculado al anterior, al cual no se le concede importancia en los estudios del teatro español o hispanoamericano es la relevancia de la sala de espectáculos en que los textos teatrales han sido representados. La tendencia a enfatizar el autor como "creador" y el texto como perteneciente a la esfera celeste de los textos literarios, origina la despreocupación por si el texto ha sido representado o no y en qué teatro fue representado. La sala de espectáculos, en muchas ocasiones es un indicio de la clase de destinatario y de la clase de público y de los códigos estéticos y teatrales dominantes en un determinado espacio teatral. Con frecuencia, el estreno en una sala determinada sirve de marco de espectativas para los espectadores potenciales. No es lo mismo un texto estrenado en un teatro universitario que en uno de centro o un teatro en las poblaciones obreras, poblaciones campesinas o en las fábricas. Esto sólo con respecto a la ubicación social de las salas y sin contar con las condiciones materiales mismas de ellas: tipo de escenario, facilidades o dificultades mecánicas, etc. Precisamente uno de los aspectos "textuales" es el modo cómo se resolvieron los problemas prácticos originados por la sala o las condiciones materiales en la época de la representación.

El fracaso o éxito de un texto es, en muchas ocasiones, relativo a la sala en que se representó y la clase de compañía que lo puso en escena. Son muchos los dramaturgos españoles que se quejan del "fracaso" de sus textos por la inadecuación del lugar o por falta de apoyo económico, lo que hizo llevarlos a escena en condiciones no satisfactorias. Tanto el teatro como edificio y la compañía, son indicios a la vez del poder económico que apoya determinados códigos estéticos. El éxito o fracaso teatral de un texto no deja de estar vinculado al espacio físico en que se pone en escena, es decir, en que se transforma en texto teatral.

6.- *La pluralidad de discursos teatrales*.- El discurso crítico hegemónico ha tendido a hacer una historia del teatro con perspectivas que originan historias parciales, en las que se excluyen los textos que no corresponden a sus códigos estéticos o que en su afán de producir una historia coherente o sistemática dejan fuera grandes sectores de producciones teatrales. Desde esta perspectiva, historizar significa postular una variedad de ritmos en la historia del teatro y desligarse, como antes hemos apuntado, de las periodizaciones fundadas en categorías europeas, establecer modelos flexibles que permitan incorporar variedad de textos. Significa, a la vez, investigar tanto los discursos teatrales dominantes como los marginales o subordinados, conceder importancia a los marginados y explicar las causas estéticas y sociales de su marginación. En America Latina, por ejemplo, existen teatros poblacionales, teatros dirigidos al proletariado, teatros escritos por mujeres, teatro de guerrilla, teatros de la calle, teatros destinados a sectores campesinos o indigenas. En este último caso, por ejemplo, habría que pensar que esta campesinidad es diversa según sea la zona de América Latina a la que se dirigía originalmente el emisor. En el caso de España, además de las categorías antes mencionadas, se podría incluir los textos teatrales producidos en idiomas fuera del español. En general, el crítico y el historiador marginan los discursos teatrales que no corresponden a los códigos estéticos de su propio sector cultural, se descalifica su valor estético porque no coincide con su código estético. Sólo si es posible eliminar su particularidad, su individualidad, se le concede un puesto en el reino de la "categoría estética."

Un ejemplo interesante y sugerente que confirma nuestra hipótesis son los comentarios de Robert Morris con respecto al "teatro campesino" en el Perú.[27] Al destacar el "valor" de los textos que considera claves en el período que estudia hace notar: "Alegría, Jofré and Ortega, for example, although they agree with the primary importance of revitalizing the national theatre, have expressed also a preference for a theatre of universal design and appeal." (61) Nuestra perspectiva se hace más evidente al referirse a la obra de Zavala: "Even the plays of Zavala, whose *Teatro campesino* is to be identified with the plight of the Andean Indian, have a universal significance in their exposé of human injustices resulting from social isolation." (61)

Posteriormente, al enjuiciar los textos de Zavala, recurre a sus propios códigos (los del crítico) y, en el afán de "salvarlos" de la desvalorización implícita propone su "universalidad": "Zavala's repetition of the basic theme, dramatic situation, and character types in his first five works, and particularly in the last three, admittedly may prove disappointing to any but the unsophisticated audience. But to indict Zavala's work by dwelling on its repetitive elements would be an unjust denial of its more positive artistic merits." (93) La primera oposición evidente es sophisticated audience/ unsophisticated audience, en la cual, naturalmente el miembro positivo es "sophisticated" significando con ello el tipo de espectador familiarizado con los procedimientos y códigos teatrales que, en este caso, hay que identificar con las técnicas del teatro europeo satisfactorias para los sectores medios cultos. Morris, sin embargo, reconoce que es posible que esas técnicas sean eficaces para otros tipos de destinatarios, con gustos menos cultivados. Este no entender la funcionalidad de los procedimientos para la comunicación de un mensaje a un destinario específico conduce a la marginación de las formas teatrales no coincidentes con los códigos estéticos y teatrales de los grupos hegemónicos, o conduce a la necesidad de afirmar "la universalidad": "This is not to deny that Zavala has found his inspiration, indeed his thematic motives, in this

---

[27] Robert Morris, *The Contemporary Peruvian Theatre* (Lubbock: Texas Tech Press, 1977).

Para un modelo de historia del teatro 61

region (Andean Indian), but to relegate his works to the realm of purely realistic indigenous drama would be to negate their conspicuous artistic and thematic universality." (93)

Obsérvese en este último párrafo, por ejemplo, la antítesis "purely realistic indigenous"/ "conspiscuous artistic and thematic universality," en la cual, obviamente, se asigna el valor positivo al segundo, mientras que el primero sólo puede alcanzar valor cuando llega a ser el segundo. La pregunta es si es posible, o conveniente, hacer el primer con el fin de llegar al segundo. Por supuesto no negamos la significación ni la importancia de las lecturas desde la perspectiva de la cultura o el discurso teatral europeo. Tampoco negamos la validez de los análisis estructuralistas o psicoanalíticos que tanto abundan. Lo que postulamos es que esas lecturas tienen una validez limitada y contribuyen a deshistorizar los textos, lo que tiene como consecuencia el "leerlos," el "descifrarlos," con sistemas inadecuados, sistemas elaborados dentro de otros contextos sociales y estéticos. Corresponde a una nueva imposición del poder cultural hegemónico. Creemos que la tarea del intelectual con respecto a las producciones artísticas latinoamericanas y españolas debe ser precisamente lo contrario: la historización e ideologización de los textos y revelación del sustrato ideológico del discurso crítico que se autocalifica de científico, objetivo y sustentado en valores universales. Los procedimientos técnicos corresponden al código estético y cultural predominante o dominante dentro de un sector social y cultural. Su importancia radica en su tributariedad en cuanto la comunicación de una toma de posición y la comunicación de un mensaje a un público histórico, un mensaje implícito o explícito cuya validez o vigencia no hay que buscarla fuera de su circunstancia histórica particular.

Juan Antonio Hormigón ha planteado un concepto de teatro que aprehende una buena dimensión de los supuestos que hemos asumido en esta investigación, aunque su desarrollo y sus intereses son diferentes de los nuestros.[28] Hormigón afirma:

> El teatro, definido como medio de producción de objetos artísti-

---

[28] Juan Antonio Hormigón, *Teatro, realismo y cultura de masas* (Madrid: Cuadernos para el diálogo, 1974).

cos, está en consecuencia primariamente condicionado por la estructura económica del modo de producción dominante y por su sistema de relaciones productivas.

Por la propia naturaleza de su actividad práctica y por la de los objetos artísticos que produce: espectáculos, el teatro cuenta con una organización particular y colectiva, un público, unos trabajadores, etc., estrechamente vinculados a la comunidad en que surge.

Los procesos productivos teatrales se inscriben indefectiblemente en un marco social. Entre estos y la sociedad existe una relación de dependencia e influencia mutuas que son siempre expresión ideológica del papel de la cultura, de un aspecto de la realidad y de la misión y funcionalidad de la cultura en su dinámica. (15)

Coincidimos con la afirmación del carácter social de la actividad teatral. Sin embargo, nos parece que, como en el caso de todos los productos artísticos, es necesario evitar la reducción del fenómeno a lo económico o lo social. Los intereses de Hormigón, a principios de la década del setenta, se dirigían predominante a proponer prácticas económicas que condujesen al desarrollo del teatro español y afirmasen la posibilidad de desarrollo de los teatros económica y geográficamente marginales. Los nuestros son proponer modelos teóricos para la historia del teatro.

La ideología de la mayor parte de los practicantes del discurso crítico no coincide necesariamente con la del productor o destinatario de los textos teatrales latinoamericanos o españoles. Sin embargo, en muchas ocasiones se intenta imponer los códigos del discurso crítico —ideológicamente comprometido— en los discursos teatrales latinoamericanos y españoles, no sólo contemporáneos sino que de todos los tiempos. Un aspecto significativo de esta ideología, por ejemplo, es la esteticidad del texto con exclusión de su funcionalidad en el contexto de las corrientes ideológicas de su tiempo. Muy pocas veces el crítico asume su propia ideología con conciencia. Por lo tanto, suponen que su lectura ideologizada de los textos es LA lectura válida.

El crítico se inclina a superponer su sistema de valores a los textos clásicos sin dejar que los textos hablen desde su propia finitud histórica. Historizar vendría a ser por lo tanto la aprehensión de esa finitud de la práctica discursiva en un contexto determinado que es el acto de comunicación teatral, enfatizando la contextualidad que hizo posible el mensaje, su codificación y descodificación particularizada dentro de la pluralidad de las prácticas coexistentes.

Como hemos indicado previamente, el discurso crítico sobre el teatro hispánico no ha desarrollado los instrumentos teóricos para enfrentarse a algunos de los problemas planteados en las páginas anteriores[29]. El propósito de los capítulos siguientes es analizar con mayor profundidad algunos de los cuestionamientos propuestos en los capítulos iniciales y, en ciertos casos, proponer estrategias para resolverlos.

***

---

[29] El título del pequeño libro de Bernardo Canal Feijóo, *Una teoría teatral argentina* (Buenos Aires: Editorial Ariadna, 1956) pareciera referirse a las historias de las teorías teatrales en Argentina. Sin embargo se limita a un interesante comentario de la teoría del teatro de Juan Bautista Alberdi.

Capítulo 3.

MODELOS ESPECIFICOS
PARA DISCURSOS ESPECIFICOS

En este capítulo, nos centraremos en un punto nuclear para todos los planteamientos de este libro: la especificidad del discurso teatral de los espacios marginales y la posibilidad de proponer un modelo teórico capaz de aprehender esa especificidad. Utilizaremos como referente principal el teatro hispanoamericano.

1.- *La liberación del discurso crítico*

Aunque la exigencia de un discurso *literario* independiente de Europa ha sido parte de la lucha de los intelectuales desde los tiempos de la Independencia, la conciencia con respecto a la necesidad de un discurso *crítico* no -dependiente es relativamente reciente.[1]

Desde la perspectiva postulada en las primeras páginas de este libro, queremos proponer que la utilización irrestricta y no refuncionalizada de los modelos fundados en la "cultura" europea ha de ser necesariamente deformante de los productos culturales hispanoamericanos. Por ello, hemos afirmado previamente que la propuesta de modelos específicos es tal vez la tarea más significativa del discurso teórico en el mundo hispánico en la actualidad.[2]

---

[1] Recuérdese, por ejemplo, los planteamientos de Lastarria y la llamada polémica del romanticismo en Chile.

[2] Sobre el discurso crítico hispanoamericano ver Hernán Vidal "Para una redefinición culturalista de la crítica literaria latinoamericana," *Ideologies and Literature*, IV, 16 (May-June, 1983):121-132; René Jara, " Crítica de una crisis: los estudios literarios hispanoamericanos," *Ideologies and Literature*, IV, 16 (May-June, 1983): 330-352. Véase también José Antonio Portuondo, "Situación actual de la crítica literaria hispanoamericana" y "Crisis de la crítica literaria

2.- La propuesta de Fernández Retamar

Dentro de estas líneas de pensamiento, hace ya algunos años (1972) Fernández Retamar hacía notar la inadecuación de estudiar la literatura hispanoamericana con los métodos elaborados para otras literaturas:[3] "En los últimos años, a medida que la literatura hispanoamericana encontraba acogida y reconocimiento internacional, se ha hecho cada vez más evidente la incongruencia de seguir abordándola con un aparato conceptual forjado a partir de otras literaturas." (68)

Más explícita es la afirmación siguiente:

Las teorías de la literatura hispanoamericana, pues, no podrían forjarse trasladándole e imponiéndole en bloque criterios que fueron forjados en relación con otras literaturas, las literaturas metropolitanas. Tales criterios, como sabemos, han sido propuestos —e introyectados en nosotros— como de validez universal. Pero también sabemos que ello, en conjunto, es falso, y no representa sino otra manifestación de colonialismo cultural que hemos sufrido, y no hemos dejado enteramente de sufrir, como

---

hispanoamericana" en *Teoría y crítica de la literatura* (México: Editorial Nueva Imagen, 1984); Carlos Rincón, "Para un plano de batalla de un combate por una nueva crítica en Latino América," *Casa de las Américas*, XI, 67 (julio-agosto, 1971): 39-60; Emir Rodríguez Monegal "El ensayo y la crítica en la América Hispánica," F, 39: 221-227; Marc Zimmerman, "Latin American Literary Criticism and Immigration," *Ideologies and Literature* (1983):172-196; Fernando García Cambeiro, (edit.) *Hacia una crítica literaria latinoamericana* (Buenos Aires: Centro de Estudios Latinoamericanos, 1976); Alejandro Losada, "Los sistemas literarios como instituciones sociales en América Latina," *Revista de Crítica Literaria Latinoamericano*, 1 (1976): 39-60; Desiderio Navarro,"Un ejemplo de lucha contra el esquematismo eurocentrista en la ciencia literaria de la América latina y Europa" *Casa de las Américas*, 122 (Septiembre-Octubre, 1980). Para el caso del teatro, ver Eduardo Márceles Daconte, " La identidad del teatro latinoamericano," *Conjunto*, 63 (Enero-Marzo, 1985): 13-23.

[3] Roberto Fernández Retamar, "Para una teoría de la literatura hispanoamericana..." y "Algunos problemas teóricos de la literatura hispanoamericana" en *Para una teoría de la literatura hispanoamericana* (México: Editorial Nuestro Tiempo, 1977).

una secuela natural del colonialismo político y económico..." (62)

La propuesta de Fernández Retamar, al parecer, no fue realmente tomada en serio en el plano de los estudios literarios y pocos han decidido a seguir en la exploración de la posibilidad o la necesidad proclamada. Las causas pueden estar en que él mismo no desarrolló su planteamiento de modo más extenso o que se le asoció esencialmente con motivaciones políticas. La necesidad de independencia en el discurso teórico se vinculó con independencia política y económica desde una perspectiva cubana y, en consecuencia, con principios revolucionarios de orden marxista. Por otra parte, en el plano político, pese a las diferencias nacionales, las tendencias dominantes en los grupos hegemónicos se orientaban a la integración, tanto de los países latinoamericanos entre sí para constituir un bloque de poder político y económico, como la integración política y económica con los centros de poder no latinoamericanos. Es la época de la "Alianza para el Progreso," la doctrina Prebich, los intentos de integración económica tales como la ALAC.

Una de las consecuencias de estas perspectivas se manifiesta en que no se daba la necesidad de aprehender lo diferenciador o lo marginal de los discursos literarios. Junto a lo anteriormente señalado hay que agregar que uno de los factores para esta falta de atención fue que la propuesta de Fernández Retamar implicaba que el discurso crítico hegemónico autoconcientizase su propio sustrato ideológico. A comienzos de la década de 70 no se daba aún en los practicantes del discurso crítico en América Latina la instrumentalización teórica que justificase o permitiese llevar a cabo la desconstrucción ideológica o el cuestionamiento de los códigos estéticos desde el interior del discurso teórico europeizante, hegemónico entre los practicantes del discurso crítico teórico en América Latina. Las tendencias fenomenológicas, el predominio del estructuralismo o los remanentes de la estilística no fomentaban el interés por la utilización ideológica o política de los discursos literarios o los discursos teóricos.

3.- Un modelo específico para el discurso femenino

Sin la elaboración o la instrumentalización teórica que propondré en este libro, hace varios años sugerí la necesidad de establecer modelos específicos para el discurso lírico femenino y afirmaba que los críticos, funcionando con principios y códigos del espacio masculino, estaban imposibilitados para juzgar los textos femeninos.[4] Posición que, con algunas variantes, se ha comenzado a poner de moda en nuestros días. De las conclusiones propuestas en 1978, quiero destacar dos que se relacionan directamente con los planteamientos de este libro, pese a que el lenguaje empleado es del todo diferente. En aquel entonces, afirmaba la necesidad de proponer un nuevo sistema estético para "interpretar" adecuadamente el discurso lírico femenino:

1) Necesidad del crítico de adecuarse a una visión de mundo y una concepción del arte diferente de las imperantes. Desde este punto de vista, la poesía femenina no es del todo distinta a otra forma de manifestación artística que no coincide con los principios del arte *oficial* o aceptado como "culto" en nuestro tiempo. Para lograr este ideal es probable que transcurran varios años, por cuanto aun el crítico más *objetivo* no puede desligarse del todo de los fundamentos de sus juicios de valor.

2) La creación de un nuevo sistema de valores estéticos implicará un fuerte enraízamiento en la tradición, una actitud independiente y la capacidad de crear un lenguaje retórico definidor de la nueva visión. (87-88)

Uno de los pocos intentos en la década del sesenta y comienzos del 70 por integrar la revelación de los sustratos ideológicos y los discursos científicos o seudo-científicos eran los ensayos de Goldmann, los cuales fueron parcialmente resistidos tanto por los estructuralistas como los marxistas. En los últimos años, sin embargo, dentro de la pluralidad de los discursos europeos se ha venido advirtiendo tendencias que, en última

---

[4] En aquellos años leí varias ponencias en esta dirección, dos de ellas fueron incluidas en mi libro *Estudios sobre poesía chilena* (Santiago: Editorial Nascimento, 1980). La primera síntesis del planteamiento la hice en el ensayo "Poesía femenina y valor literario," 82-94. Amplié la perspectiva y el tratamiento del tema en *El discurso lírico de la mujer en Chile durante el período 1975-1990* (Santiago de Chile: Editorial Mosquito, 1993).

instancia, desraízan los discursos teóricos europeizantes de sus fundamentos de hegemonía y proclaman la necesidad de considerar la diferencia. Los discursos que proclaman la validez de la diferenciación, asignan relevancia a los discursos marginales o del "otro," postulan la heteroglosia, directa o indirectamente, vienen a justificar la postulación y modelización de un discurso específico para los discursos literarios marginales. Por ello, en el fondo no debe sorprender el regreso a los postulados de Fernández Retamar que antes hemos mencionado representado por el ensayo de Desiderio Navarro.

4.- *La renovación del discurso crítico europeizante*

De acuerdo con los planteamientos de Lotman, sin embargo, hay que suponer una mayor complejidad que las oposiciones Europa/América Latina o Europa/España, por cuanto afirman la interrelación entre "cultura" y "modelo," por lo tanto la amplitud cubierta por el modelo ha de depender de la amplitud del espacio que cae bajo el signo de una determinada "cultura." Sin hacer un análisis del problema y sus numerosas ramificaciones en esta oportunidad, aceptamos como instrumento de trabajo la pluralidad cultural y la necesidad de adaptar o refuncionalizar los modelos fundados en una "cultura" para su utilización en otra. De este modo, proponemos, en términos generales, que las "culturas marginales" son deformadas al ser interpretadas desde los modelos de culturas hegemónicas.

Consideramos que el discurso teórico no se funda en la existencia de universales, sino que se construye desde la perspectiva de un modelo del mundo—en sí mismo histórico— y sobre la base de textos producidos en determinadas condiciones históricas, los que son leídos desde el enmarcamiento del modelo. Algunos de los principios propuestos por Goldmann, en el fondo, implicaban este relativismo del valor de los juicios sobre los textos literarios. Su cuestionamiento de la "objetividad" de la ciencia, podía fácilmente conducir a negar los códigos en que se fundaban los juicios de valor defendidos con esa ciencia.[5] Su afirmación implicaba un cambio radical dentro de la tradición de la "ciencia de la

---

[5] Sobre esto ver *Las ciencias humanas y la filosofía*.

literatura" que circulaba en aquellos tiempos en América Latina. En *Las ciencias humanas y la filosofía*, afirmó:

> El pensamiento humano, en general, e, implícitamente, el conocimiento científico, que es un aspecto particular de él, están estrechamente unidos a la conducta humana y a los actos del hombre en el mundo ambiente. Ultimo fin del investigador, el pensamiento científico no es más que un medio para el grupo social y para la humanidad entera. (12)

Su posición, sin embargo, se negaba a sí misma, en cierto modo, al concebir al ser humano como ser capaz de superar sus limitaciones de ser humano existente dentro de una realidad social comprometida consigo misma y afirmar la posibilidad de salir de la maraña, la red del sistema de valores y los intereses del grupo social al que se pertenece. Su concepción "idealista" del científico negaba la limitación implícita en el párrafo citado. Estas contradicciones se hacen evidentes en un párrafo posterior:

> Por eso es importante recordar, una vez más, que en el dominio de las ciencias humanas, el deseo de comprender la realidad exige, de parte del investigador, el valor de romper con los prejuicios conscientes o implícitos y de recordar siempre que la ciencia se hace, no en la perspectiva de tal o cual grupo particular, ni en una posición exterior y pretendidamente objetiva, que supone la eternidad de las estructuras fundamentales de la sociedad, sino en la perspectiva de la libertad y la comunidad humana, la perspectiva del hombre y de la humanidad. (*Las ciencias humanas y la filosofía*,71)

Esta posibilidad de "escape" del científico en función de unos principios universales —"la libertad y la comunidad humana"— aunque satisfactoria y tranquilizadora para algunos grupos sociales, en el fondo suponía anular el carácter "interesado" de toda ciencia. En esta contradicción estuvo la atracción y el rechazo de Goldmann dentro del discurso crítico sobre la literatura hispanoamericana. Trajo la conciencia social y el compromiso ideológico implícito del investigador, pero, a la vez, aceptó la existencia de estructuras universales y una especie de creencia tipo siglo XVIII —al estilo del 'bon sauvage'— en el investigador en busca de "la verdad" para el bien del ser humano como ser fuera del tiempo histórico. Esta capacidad del científico por desligarse de sus mediaciones y condicionamientos sociales y culturales para su actividad ha sido continuamente puesta en duda en los últimos años. Un excelente indicio de la presencia de esta orientación crítica dentro del espacio universitario norteamericano es la aparición de la revista *Cultural Critique*, en cuyo primer número, Fall 1985, varios de los ensayos enfatizan esta dependencia ideológica del discurso crítico. La declaración de principios y justificación de su creación afirma: "The journal is committed to those kinds of dialectical strategies —by virtue of which cultural phenomena become intelligible as partial constituents of larger constructs." (5) Más rotunda es la afirmación del ensayo de William V. Spanos en el mismo volumen, quien abiertamente sostiene:[6]

> the humanistic discourse takes place at other, more "practical," sites on the continuum of being, humanism comes to be understood as an intellectual legitimation of the dominant economic, social, and political power structures, which reproduces the world in its own image, i.e., assimilates and circumscribes the Other to the central proper self of Capitalistic Man. (9)

Posteriormente, reconoce: " As such, this history has been one of complicity with socio-political power." (9) La ideología que sustenta tanto el comportamiento del "estudioso" como los factores mediatizadores que condicionan el comportamiento "cultural" anulan la supuesta búsqueda desinteresada de la "verdad."

La afirmación de la historicidad de la ciencia involucra postular que no hay fundamento de validez universal para conceder primacía o exclusividad a ciertos modelos del mundo, excepto por factores externos al modelo mismo, tales como primacía política, religiosa o económica. Por nuestra parte, consideramos a la vez que el discurso crítico hegemónico tiene grandes dificultades —a veces, imposibles de superar— para

---

[6] "The Apollonian Investment of Modern Humanist Education: the Examples of Mathew Arnold, Irving Babbit, and I.A. Richards," 7-72.

analizar y enjuiciar objetivamente los productos culturales de los sectores marginales con los cuales no coincide en códigos estéticos, culturales o ideológicos.

Una consecuencia de estos planteamientos es la necesidad de proponer nuevos modelos teóricos fundados en la especificidad de los espacios hispánicos —definibles dentro de las posibilidades actuales de las investigaciones antropológicas, filosóficas o sociológicas— y de la posible especificidad de la producción de los textos teatrales en el mundo hispánico.

Aunque nos hemos referido al discurso crítico europeo como una tendencia general, es preciso reconocer la pluralidad del mismo y la diversa presencia de sus diferentes modos de aproximación a los textos hispanoamericanos. Es decir, aún algunos de los discursos críticos de raigambre europea pueden constituirse en marginales o subyugados, hegemónicos o desplazados en Hispanoamérica o dentro de los estudiosos de la literatura latinoamericana. Los emisores del discurso crítico seleccionan aquellos que corresponden o se aproximan a sus sistemas de valores o modelos del mundo y los adecúan a sus propios intereses. Por lo tanto, la categoría de hegemónico o marginal, por ejemplo, de un discurso crítico en Europa no significa que pertenezcan a la misma categoría en America Latina. Uno de los aspectos por estudiarse, precisamente, es el fundamento ideológico que conduce hacia algunos teóricos europeos y su posible adecuación a los textos hispanoamericanos. No es difícil observar, por ejemplo, cómo los escritores de izquierda en América Latina han tendido a usar los planteamientos brechtianos, ya sea por afinidad política o la posibilidad de utilizar el modelo brechtiano como instrumento político o de denuncia de los males sociales de las estructuras económicas y políticas del tercer mundo. Otro de los aspectos por estudiar es la preferencia de teóricos hispanoamericanos por la estilística, por ejemplo, o el estructuralismo hacia los años sesenta. Nadie ha examinado, por otra parte, la fuerte presencia intelectual alemana en América Latina y sus consecuencias para los métodos empleados en la lectura de textos hispanoamericanos. El predominio de un modelo europeo no se limita al plano de la "superestructura" o la "alta cultura." Por el contrario, corresponde a una de las dimensiones del modelo cultural impuesto por ciertos grupos en el poder o seleccionado por los productores de los discursos críticos hegemónicos.

5.- La especificidad de estar en el mundo del hispanoamericano

La propuesta de fundar un discurso teórico y un discurso crítico sustentados en un modelo diferenciado implica como primera instancia el reconocimiento de la validez de esta posibilidad por parte del emisor del discurso teórico. Es decir, aceptar que hay un modo de vida y un modo de relaciones sociales específicos de América Latina y que esa especificidad se pone de manifiesto en los modelos del mundo configurados en los textos literarios, y, en nuestro caso, los textos teatrales. La "latinoamericanidad" o la "universalidad" del hacer teórico o filosófico ha sido tema de discusión de filósofos y sociológos en América Latina desde los inicios de nuestra historia y su problematicidad ha recurrido y se ha intensificado en los últimos años, casi coincidiendo con los planteamientos de Fernández Retamar.

Una síntesis del problema en el plano de los estudios filosóficos, fácilmente trasladable al tema de este ensayo, es el diálogo que recuerda Francisco Miró Quezada con Leopoldo Zea en el Prólogo a *Despertar y proyecto del filosofar latinoamericano*[7]

> Porque este primer contacto nos hizo tomar conciencia de que nuestra concepción de lo que debía ser la filosofía Latinoamericana difería de manera irreconciliable. Para él, la única manera de hacer filosofía auténtica en América Latina era meditar a fondo sobre nuestra propia realidad para tratar de desentrañar el sentido de nuestra historia, el significado de nuestro proyecto existencial. Para mí la única manera de hacer filosofía auténtica era meditar sobre los grandes temas de la filosofía clásica y actual y tratar de hacer aportes interesantes a la solución o al tratamiento de los problemas correspondientes.(7-8)

Desde la perspectiva propuesta en este ensayo, la disyuntiva implicaría que la función del discurso teórico es plantear la búsqueda de los universales, la inserción de los textos literarios hispanoamericanos en el discurso literario de occidente o la investigación de los "grandes temas"

---

[7] México: FCE, Tierra Firme, 1974.

de la teoría literaria. El teórico aspira a contribuir con su "granito de arena" en el gran discurso universal. La paradoja de este planteamiento emana de la futilidad del esfuerzo en cuanto al reconocimiento o la posibilidad de reconocimiento que este discurso filosófico "contribuidor" se constituye realmente en texto leído y aceptado por los emisores del discurso filosófico "universalista" fuera de Hispanoamérica. Situación que, desde la perspectiva postulada en este libro resulta trágica o tragicómica. Muchos de los pensadores latinoamericanos han dedicado gran parte de su existencia elaborando teorías dentro de la línea del pensamiento europeo y muy pocos —si es que alguno lo ha logrado— han sido reconocidos por los "grandes pensadores de su tiempo" como su igual o su equivalente. En primer término, para adquirir ese reconocimento tienen que escribir en uno de los idiomas "reconocidos" en el plano filosófico o teórico con los cuales podrían estar familiarizado, y, al hacerlo, su destinatario deja de ser el latinoamericano —con quien tiene una experiencia común en términos generales— para pasar a ser como los europeos, formados dentro de su propia tradición, en la cual —muchísimas veces uno de los principios es la no validez del español para esa clase de problemas. Por lo tanto, si escribe en español debe esperar ser traducido y, aun en estos casos, deben darse condiciones especiales en la sociedad en que viven los lectores potenciales en el idioma al cual el trabajo puede ser traducido, condiciones que una vez más no tienen que ver sólo con la calidad o la profundidad del pensamiento sino con la "receptividad" de instituciones, público, editoriales dispuestas a invertir. Es extraordinario encontrar que un "filósofo" latinoamericano, por ejemplo, sea estudiado en relación con los grandes filósofos de occidente. De este modo, he visto profesores en América Latina, por ejemplo, dedicados a estudiar Heidegger, Nietzche o Vico durante años, ser admirables conocedores y exégetas y no ser reconocidos más allá de las fronteras de su país o de su idioma. No niego con este comentario, aparentemente pesimista, la significación y el valor de compenetrarse de la cultura europea de occidente. Lo que cuestiono es la posibilidad de superar la barrera de la marginalidad cultural para "contribuir" al "entendimiento" de la "cultura hegemónica."

La propuesta de Zea, sin embargo, supondría "meditar a fondo" sobre nuestros textos literarios y "desentrañar su sentido" dentro de *nuestra* historia. En el plano de la "teoría literaria" la tendencia dominante ha sido semejante a la posición de Francisco Miró Quezada. Aunque no entendemos esta dualidad en el plano filosófico como irreconciliable, como una disyuntiva en la cual la elección de una dirección anula la posibilidad de la otra, en el terreno del discurso teórico sobre el discurso literario y teatral hispanoamericano nos inclinamos por aquella que sustenta la necesidad de proponer la especificidad del pensar y del ser latinoamericano, especificidad en la cual su relación e interrelación con lo europeo o lo no latinoamericano es una dimensión funcional de la misma. Lo particular de la estrategia, sin embargo, radica en la enfatización de lo diferente, en la focalización de lo particular diferenciado o la utilización o respuesta a lo general que particulariza la respuesta latinoamericana.

Para nuestros propósitos es sugerente recordar el cuestionamiento propuesto por Mario Carla Casalla, quien, después de apuntar que todo filosofar es un reflexionar sobre lo *universal situado* concluye:[8]

> Habrá "filosofía latinoamericana" en el momento y en la medida en que el pensar latinoamericano logre articular *su propio discurso universal situado*, encontrar el lenguaje inherente a *su propia situación histórica*, en una palabra, habrá " filosofía latinoamericana" en el momento y en la medida en que el latinoamericano logre efectivizar su propio discurso de lo universal, en cuanto pieza indisoluble del proceso general de emancipación que sacude a su ser. (16)

Desde otra perspectiva, la de los estudios sociales, las conclusiones o, por lo menos, los planteamientos son semejantes. Juan Manuel Ospina, por ejemplo, habla de que "todo cultura es enraízada" y explica:[9]

> La Cultura, como causa y efecto del proceso social, como elemento necesario en la constitución de la vida social e individual,

---

[8] Mario Carlos Casalla, *Razón y liberación. Notas para una filosofía latinoamericana* (Buenos Aires: Siglos XXI, 1974).

[9] Juan Manuel Ospina "Transición social y culturas regionales," *Boletín cultural y bibliográfico* XXI. 1 (1984): 32.

está ligada esencialmente a procesos enmarcados en un espacio y un tiempo determinados, aun en los que a los intercambios se refiere. Es un fenómeno con características propias, diferenciadoras, a pesar de que existan elementos generales, universales. Esas características le dan su peculiar fisonomía, su especificidad nacional y regional, tanto en los períodos de avance equilibrado —la cultura jamás es estática— como en los de transición y crisis. (32)

Esta es precisamente nuestra posición, desplazando el problema desde el hacer filosófico —el existir situado del ser en Hispanoamérica— al hacer de la reflexión sobre el discurso teatral latinoamericano, donde el énfasis está en lo situado y los condicionamientos de la "circunstancia" con respecto al existir. Postulamos como una de las tareas del discurso teórico el reflexionar sobre los modos particulares de producción teatral y la aprehensión de la especificidad de discursos teatrales marginales. Ya hemos señalado las limitaciones, deformaciones y consecuencias negativas que origina en la lectura e historia del teatro hispanoamericano la utilización exclusiva o predominante de modelos teóricos fundados en el discurso crítico y textos teatrales no hispanoamericanos. Aunque el peligro de la deformación de estos textos al proyectarle indiscriminadamente los códigos culturales, estéticos e ideológicos de otros espacios culturales es válido para todos los textos producidos en las culturas marginales, el teatro hispanoamericano evidencia con mayor notoriedad las consecuencias de la potencial inadecuación. Es preciso construir modelos particularizados, de los cuales ha de emerger un sistema o una pluralidad de códigos estéticos.

6.- *La consecuencia política y cultural de los modelos específicos*

La respuesta en el plano del discurso crítico sobre el teatro hispanoamericano contribuirá a la posibilidad de definir o caracterizar la especificidad del discurso literario hispanoamericano. Consideramos que este objetivo en el plano de los estudios literarios ha de fundirse con la tarea que los filósofos se han propuesto: lo universal *situado* en el contexto del mundo hispánico. Para llegar a la propuesta general, sin embargo, se hace preciso primeramente planteárselo como problema dentro de disciplinas específicas, cuyos resultados proveerán los antecedentes necesarios para la generalización si ella es posible.

Una vez que se acepta la posibilidad de esta especificidad es necesario hacer notar que, en este caso, se trata de la especificidad del discurso teatral por cuanto la especificidad del modo de estar en el mundo del ser latinoamericano se puede plasmar de modo diferente en distintas actividades tanto sociales como culturales. De este modo, sería posible postular la especificidad del discurso lírico como del discurso narrativo en el caso de los textos literarios. Nos interesa, como hemos señalado previamente, la liberación de los discursos críticos de modo de que sean capaces de aprehender la especificidad de las prácticas escénicas tanto en América Latina como en España.

Aunque en este capítulo nos hemos centrado en el discurso teatral latinoamericano, consideramos que el problema de "la especificidad" del modelo de acuerdo con la especificidad del objeto o de las áreas a las cuales se aplica el modelo vale para el estudio de todos los discursos marginales. Dentro de estos, pueden considerarse, por ejemplo, el discurso literario chicano, el discurso femenino —al cual se le ha concedido importancia en los últimos años, el discurso literario campesino u obrero —sobre los cuales volveremos posteriormente en cuanto al teatro producido en el mundo hispanoamericano—, los discursos producidos en lenguas marginales o dominadas —como es el caso de los discursos literarios en catalán, gallego o vasco en España. Esta inadecuación, naturalmente, no es total o hace los métodos fundados en modelos europeos inoperantes. Por un lado resultan satisfactorios para textos producidos dentro de los códigos estéticos y culturales fundados en la cultura europea y correspondiente a los sectores medios cultos, los cuales precisamente se caracterizan culturalmente por su cultivo de lo europeo cultural. Los textos producidos por estos grupos y destinados a los mismos grupos evidencian los aspectos semejantes con los textos europeos, precisamente porque estos sectores sociales quieren enfatizar su ser parte de esa tradición cultural. Lo insatisfactorio de esta metodología, sin embargo, se evidencia —como hemos insistido— al querer aplicarlos a los sectores no pertenecientes a esos códigos culturales.

La proyección de los modelos fundados en discursos hegemónicos de modo indiscriminado obviamente produce una deformación de la lectura e interpretación de los textos literarios marginales. La aprehensión de esta especificidad, por último, puede conducir a la especificidad de respuestas políticas o modelos políticos para América Latina. Parte constitutiva del modelo tendrá que ser la interrelación y funcionalidad de la pluralidad de discursos teatrales dentro de los tipos que mencionaremos y la utilización o reutilización de los modelos europeos.

Capítulo cuarto.

TIPOS DE DISCURSOS CRITICOS:
LA DESCODIFICACION IDEOLOGICA

1.- Pluralidad de discursos críticos

Aunque hemos hablado continuamente de "discurso crítico," naturalmente, no entendemos esta actividad discursiva como singular o monolítica, ya sea en lo sincrónico como en lo diacrónico. Por el contrario, nos parece configurada por una serie de variantes, las que coexisten en un determinado momento histórico o evolucionan con su propio ritmo, no necesariamente paralelo el de unas con respecto a las otras.

Consideramos que no es posible hablar de un sólo tipo de discurso crítico. Hay una variedad de tipos, entre los cuales adquieren distinta importancia el sustrato ideológico de los mismos de acuerdo con los emisores, sus destinatarios y los contextos en los cuales son emitidos.

En los dos capítulos siguientes queremos proponer un aspecto metodológico que puede contribuir a diversificar y pluralizar la historia o, al menos, establecer ciertas coordenadas de investigación que permitan dinamizarla: una tipología funcional de discursos críticos.

2.- Tipos de discursos críticos: niveles

Desde el punto de vista de la intencionalidad de los emisores, la funcionalidad del discurso y el tipo de destinatario, se pueden proponer, por lo menos, los siguientes niveles de discursos críticos:

a) *El discurso crítico teórico.-* Históricamente su finalidad parece ser definir lo esencial dramático o lo dramático general. Corresponde a lo que en la tradición de Occidente se ha denominado *teoría del drama* o *teoría de lo dramático*. Tradicionalmente, el modelo para este tipo de discurso ha sido la *Poética* de Aristóteles, la que ha servido como punto de referencia a la mayor parte de las teorías dramáticas de Occidente. En términos generales, este tipo de discurso no se ha planteado la problematicidad implícita y la validez relativa de lo dramático general definido desde la experiencia de la lectura de textos producidos en determinadas circunstancias históricas, correspondientes a formaciones sociales, culturales e ideológicas particularizadas. Aunque las condiciones históricas cambian y sería preciso examinar la relación emisor-destinatario en cada una de las circunstancias en que este discurso se ha emitido y la funcionalidad del mismo en ese momento histórico, bien podría afirmarse que se trata de un discurso dentro de sectores social y culturalmente minoritarios. El productor de este discurso, en general, es un individuo culto que se dirige a un grupo limitado de lectores potenciales. Los supuestos son la condición humana como ahistórica y, en consecuencia, la validez universal de los modelos.

Este tipo de discurso, en general, se autoproclama como un discurso "científico," "objetivo," sin compromisos ideológicos. Su única pretensión pareciera ser el descubrimiento de la verdad. Como hemos señalado en varias ocasiones, no hay discurso no ideologizado. En este caso, parte constitutiva de su ideología es su supuesta no ideologización.

A nuestro juicio, el discurso crítico teórico es tan ideologizado y condicionado históricamente como cualquier otro. La *Poética* de Aristóteles, pese a las multitud de interpretaciones atemporalistas, es producto de una concepción del arte y una función de un tipo de teatro y los efectos que el grupo poseedor del poder cultural esperaba obtener en los espectadores para su buen funcionamiento dentro de la sociedad griega. La mayor parte de los estudios sobre la *Poética* de Aristóteles la enfrentan como verdad absoluta.

La nueva función que Platón le asigna al arte y a la tragedia es producto del cambio de circunstancias históricas dentro de la sociedad griega, aunque una concepción individualista e idealista prescinda del contexto en que escribía Platón. Lo mismo ha acontecido con las teorías de otros teóricos de Occidente, tales como los preceptistas italianos Castelvetro, Giraldo Cintio, o pensadores posteriores que podrían considerarse dentro de esta categoría: Dilthey, Lessing, Hugo, Zola, Artaud o Brecht. En los tiempos modernos, Brecht ha sido uno de los críticos más fuertes y sus planteamientos han tenido un fuerte impacto en la práctica de la producción teatral, especialmente latinoamericana y, en un grado mucho menor, en la de España. Un análisis del discurso teórico de Occidente muestra que, prácticamente, todas las teorías a partir del Renacimiento toman como punto de referencia la *Poética*, al igual que el resto de la cultura greco-Latina. El punto crítico en este aspecto es, precisamente, la significación y utilización de la cultura Latina por parte de los sectores culturales y sociales que emergieron como hegemónicos en Occidente a partir del Renacimiento. En cada uno de los casos sería necesario examinar la contextualidad ideológica y la función de la relectura de Aristóteles dentro de esa contextualidad, por cuanto, pese a la validez implícita que se le concede y a la continuidad y permanencia de su influencia, esa verdad ha sido reinterpretada en diversos momentos históricos. La significación ha variado en cada uno de esos instantes, en parte, por las transformaciones de los intereses del grupo productor del discurso y sus intenciones con respecto al destinatario del discurso teórico o del discurso teatral de su tiempo histórico.

En el mundo hispánico fue objetada por Lope de Vega en su *Arte Nuevo*. Aunque esa objeción, también ha tendido a ser vista más en términos estéticos y códigos teatrales que realmente ideológicos o funcionalmente históricos. Un análisis ideológico de el *Arte nuevo*, sin embargo, bien podría mostrar que las propuestas de Lope se sustentan en una nueva imagen del mundo, una distinta funcionalidad del teatro dentro de la nueva sociedad del tiempo de Lope. Vicente Gaos ha demostrado la osadía implícita de Lope de Vega en este rechazo de lo aristotélico.[1] En la lectura del *Arte nuevo* de Vicente Gaos hay varios atisbos que apuntan a la historicidad del texto como ingrediente importante de interpretación. Explica, por ejemplo, que lo que se percibe en Lope y sus defensores es "una estética gobernada por el sentido histórico, según el cual, cada época y cada pueblo crean su propia literatura de acuerdo con las circunstancias en que se desenvuelven." (132)

En América Latina uno de los pocos que la ha cuestionado desde el punto de vista que proponemos ha sido Augusto Boal. Su crítica resulta más interesante porque, cuestiona explícitamente los fundamentos ideológicos del productor y su destinatario. En "El sistema trágico

---

[1] Ver "La poética invisible de Lope de Vega," *Temas y problemas de Literatura Española* (Madrid: Guadarrama, 1959) 119-142. Ver también J. José Prades (ed.), *Arte nuevo de hacer comedias* (Madrid: CSIC, 1971)

coercitivo de Aristóteles" afirma:[2]

> En verdad, el sistema presentado por Aristóteles en su *Poética*, el sistema de funcionamiento de la tragedia (y todas las formas de teatro que hasta hoy siguen sus mecanismos generales) no son *solamente* un sistema de represión. Por supuesto, que intervienen otros factores más "estéticos." Hay muchos otros aspectos que deben, igualmente, ser considerados. Pero hay que considerar principalmente el aspecto fundamental: su función represiva. (130)

El propio Boal explica la utilización o reutilización de Aristóteles en la historia teatral de Occidente:

> El sistema trágico coercitivo de Aristóteles sobrevive hasta hoy gracias a su inmensa eficacia. Es, efectivamente, un poderoso sistema intimidatorio. La estructura del sistema puede variar de mil formas, haciendo que sea a veces difícil descubrir todos los elementos de su estructura, pero el sistema estará ahí, realizando su tarea básica: la purgación de todos los elementos antisociales. (151)

En el caso de España, con excepción de ensayos recientes de Antonio Tordera, la historia del discurso crítico teórico ha correspondido preferentemente a dramaturgos que "teorizan" sobre su propia práctica teatral, por lo tanto corresponden al tercer tipo de discurso que vamos a proponer.

La excepción en la historia es Ortega y Gasset y su *Idea del teatro*, que es el discurso teórico de un filósofo y ensayista sobre el teatro. Como en todos los casos, según hemos propuesto, el filósofo del teatro propone una teoría fundada en la experiencia teatral a la que él tiene acceso en su tiempo y en el cual la referencia a otros autores es para afirmar o apoyar sus posiciones con la voz de la autoridad. Es decir, todo "diálo-

---

[2] Citamos por *Teatro del oprimido. Teoría y práctica* (México, Editorial Nueva Imagen, 1980).

go" de un teórico con los llamados "grandes textos" del pasado es una utilización de los mismos, una reutilización funcional a los principios y los códigos del emisor de la nueva teoría. En este texto de Ortega habría que observar, por ejemplo, que su intención es definir el teatro buscando lo universal, la continuidad dentro de la apariencia de variedad:

> Por lo mismo que una cosa es siempre muchas y divergentes cosas, nos interesa averiguar si al través y en toda esa variedad de formas no subsiste, más o menos latente, una estructura que nos permita llamar a innumerables y diferentes individuos "hombre," a muchas y divergentes manifestaciones, "teatro." Esa estructura que bajo sus modificaciones concretas y visibles permanece idéntica es el ser de la cosa. Por tanto, el ser de una cosa está siempre dentro de la cosa concreta y singular, está cubierto por ésta, oculto, latente. De allí que necesitemos des-ocultarlo, descubrirlo y hacer patente lo latente. (25-26)

La tendencia tradicional —idealista y ahistorizante— sería indagar en la intextualidad de los planteamientos orteguianos con la tradición del discurso teórico sobre el teatro o su interrelación con los discursos teóricos coetáneos. Desde este punto de vista podrían indicarse las interrelaciones de este planteamiento develador de estructuras eternas, ahistóricas, con las tendencias filosóficas idealistas en que se sustenta Ortega y aun establecer connatos de relaciones con las concepciones lingüísticas que surgían en España en la misma época. Aún más, Ortega se asocia en su objetivo con la tendencia estructuralista originada en los formalista rusos y que, poco después, va a dominar la crítica literaria europea.

Dentro de la perspectiva que proponemos, sin embargo, la interrogante surge de la interrelación entre el planteamiento teórico y las condiciones históricas, la contextualidad, del emisor. Creemos que es preciso, "leer" estas afirmaciones "teóricas" en relación con el contexto del discurso. Este es pronunciado por Ortega en 1946, en un instante crítico de la sociedad española y en el cual Ortega propone que, detrás de las diferencias circunstanciales y de las condiciones históricas del momento, se hace necesario salvaguardar la "salud" de España alcanzada después que "ha salido de esta etapa turbia y turbulenta." (23) Por ello, afirma:

> agucemos el sentido para inventar nuevas formas de vida donde el pasado desemboque en el futuro" con el fin de que "*todos* (subrayado de Ortega) tengamos la alegría y la voluntad y la justicia, tanto legal como social, de crear una nueva figura de España para internarse saludable en las contigencias del más azaroso porvenir. (23)

Por lo tanto, la propuesta de la "esencialidad" —la "teatralidad del teatro"— es tanto la búsqueda de esa "esencialidad" como la afirmación de que existe un ser humano permanente. La demostración de la existencia de "estructuras" "escondidas" en las variantes de lo que se llamaba teatro viene a probar indirectamente la existencia de una "esencialidad" del ser humano por sobre las variantes y las discrepancias. Sólo superando las variantes "todos" —tanto vencidos como vencedores en la Guerra Civil— podrían participar en la construcción de la nueva España. La teoría del teatro en Ortega, bien podría afirmarse, es un instrumento en la propuesta de la reconciliación de los antagonismos históricos.

b) *El discurso crítico práctico.-* Denominamos así al discurso crítico destinado a explicar o "interpretar" los textos dramáticos o teatrales, y cuya intencionalidad no es proyectarse a lo general o lo universal general, sino dar cuenta de textos particulares. Este tipo de discurso involucra una enorme gama de variedades posibles, tanto en lo que se refiere a la clase de emisor como a los destinatarios y combinaciones de ambos y las estrategias o métodos utilizados. Dentro de este tipo deben considerarse los ensayos "académicos," producido generalmente por profesores universitarios y destinados a otros profesores o estudiantes universitarios, cuya supuesta finalidad es proponer interpretaciones "científicas" y "objetivas" del texto teatral o de los fenómenos teatrales, muchos de los cuales se aproximan al discurso teórico. En el otro extremo del espectro podrían considerarse los comentarios periodísticos escritos a propósito del estreno de un texto teatral y cuya función, en muchos casos, es sólo dar cuenta de la existencia del espectáculo. En todos los casos, sin embargo, hay un sustrato ideológico que funda el discurso, la "interpretación" o el juicio de valor que se ejerce sobre los textos comentados. La variedad, en consecuencia, proviene tanto de los sustratos ideológicos como de los espacios desde donde se emite el discurso. Consideramos que los factores mediatizadores se hacen presente con mayor evidencia en este tipo de discurso. En el caso del teatro chileno, el discurso periodístico sobre el teatro ha sido parcialmente comentado, especialmente en relación con ciertas figuras claves que se han transformado en los rectores de los gustos nacionales. Dentro de éstos pueden destacarse Natanael Yáñez Silva, crítico durante años en *El Diario Ilustrado, El Mercurio*, y *La Nación*. Su carácter de rector de gustos teatrales es recordado por Raúl Silva Castro: "en sus artículos ha prodigado enseñanzas útiles para el movimiento escénico y para la actución de los intérpretes."[3] *La Nación*, por ejemplo, ha sido el diario de gobierno, financiado por él y su cuerpo editorial nombrado o relacionado con las fuerzas políticas en el poder. *El Diario Ilustrado* siempre ha estado vinculado con la iglesia católica. *El Mercurio*, por su parte, generalmente ha representado la derecha económica. Un trabajo valioso, pero aún no realizado, para el análisis ideológico del discurso crítico chileno es comparar las "lecturas" de las mismas obras por parte de los críticos de *El Siglo, El Mercurio* y *El Diario Ilustrado* en ciertos momentos y relacionar las diferentes lecturas con las tomas de posición de los grupos que representaban frente a los problemas nacionales del momento.

El ensayo académico, por su parte, se dirige a un destinatario relativamente semejante al del discurso teórico: profesores universitarios, estudiantes de literatura, interesados en el análisis literario, la mayor parte con un trasfondo común desde el punto de vista de intereses y de códigos culturales o teatrales. El discurso crítico periodístico, en cambio, se dirige a un público más amplio y variado. Mientras la función del discurso académico es transmitir un sistema estético e ideológico a los sectores cultos; el discurso periodístico apunta a dar juicios de valor inmediato a potenciales espectadores.

El discurso académico también se autojustifica en su "validez univer-

---

[3] *Panorama literario de Chile* (Santiago: Universitaria, 1961): 414. Semejante es el caso de Antonio R. Romera, (Critilo) en *El Mercurio*. Algunos aspectos parciales pueden verse en Orlando Rodríguez, "La Prensa y la Crítica," (61-70) y Rafael Frontaura "La prensa y la crítica en la generación anterior," (71-78) ambos en *Dos Generaciones del Teatro Chileno*.

sal" y pretende actuar liberado de la ideología. El discurso periodístico en cambio tiende a evidenciar su sustrato ideológico con mayor facilidad. Aún más, es posible identificar la corriente ideológica por su sólo aparecer en determinados periódicos o revistas.

En el ámbito de España, un ejemplo sugerente para los propósitos de este capítulo es un texto en el que queda en evidencia la discrepancia entre discurso crítico académico y discurso periodístico. La profesora y prestigiosa investigadora Magda Ruggeri en una entrevista,[4] al referirse a la representación de una obra de Buero Vallejo afirmaba: "Prescindiendo del tiempo que estuviera en cartel, es decir, de su éxito o fracaso, los textos son y serán extraordinarios, pese al resultado escénico y al juicio de la crítica que es coyuntural y admite otras posibilidades." (143) Párrafo en el cual parece establecer la "calidad estética" de un texto pese a su fracaso o posible fracaso como texto teatral. Es decir, el valor del texto prescindiendo de la reacción del público. Según ella, el texto puede fracasar con respecto al destinatario, pero esto no significa que carezca de valor. ¿Qué quiere decir con "extraordinarios"? Desde la perspectiva que proponemos habría que observar: el proceso de la comunicación teatral: productor "texto representado" destinatario no se lleva a cabo, se interrumpe porque el destinatario —el público— no está interesado en lo producido por el emisor. Afirma el divorcio o la prescindibilidad del público como establecedor de juicios estéticos. A la vez, rechaza el valor del juicio de los críticos ("juicio de la crítica"), los cuales tendrían que pensarse como los productores del discurso crítico teatral periodístico. De lo cual podemos inferir la existencia, por lo menos, de tres códigos estéticos: el del crítico periodístico, el del público, y el de Magda Ruggeri.

En la contradicción implícita o en la discrepancia de juicios funcionan dos sistemas ideológicos, en el cual uno de ellos se siente poseedor de la verdad y desvaloriza al otro, pese a que, en este caso, el portador del código estético desvalorizado pertenece al grupo social e ideológico que representa al destinatario potencial del discurso rechazado. Observemos, la certeza, la confianza con que este productor del discurso crítico

---

[4] "Magda Ruggeri una hispanista en España" *Primer Acto* 192 (Enero-Febrero, 1982)

Para un modelo de historia del teatro

margina el código estético del público. Esta seguridad proviene de la confianza de formar parte del discurso crítico hegemónico. Es decir, el discurso crítico que se ha establecido como dominante y, por lo tanto, asociado a los grupos sociales establecedores de la cultura legitimizada. Como la historia literaria es hecha por los productores del discurso crítico hegemónico, se da la buena posibilidad de que el texto en referencia pase a constituirse en una de las obras maestras del teatro español, pese a su fracaso como espectáculo, es decir su fracaso como discurso teatral.

Si volvemos a las afirmaciones de Magda Ruggeri otros aspectos que nos interesa destacar emergen con claridad. Casi a continuación de la frase citada, en cierto modo, resume su código estético: "De todas formas pienso que el dramaturgo es —debe ser— un artista que, como cualquier otro, debe realizar su obra siguiendo su inspiración sin ser condicionado por el público, ni por la crítica, ni por los empresarios." (143)

Este párrafo proporciona varias claves del código estético con que este emisor del discurso crítico lee los textos. Los principios implícitos que lo fundamentan han sido rechazados tanto por los estudios sociológicos como por los semiológicos. Lo que afirma es lo siguiente: el autor es un artista, el texto literario es el resultado de la inspiración, el autor debe ser fiel a sí mismo, el autor debe prescindir del público, es decir, no debe escribir pensando en su destinatario, no debe pensar o preocuparse por la crítica, y que no debe preocuparse por los empresarios.

Implícitamente está la concepción romántica del escritor como individuo existente fuera del tiempo cuyo discurso está destinado a un *lector* atemporal, un ser humano de un tiempo ácrono, y no al espectador como ser histórico. Jean Paul Sartre demostró bien en *Qué es la literatura* cómo esta ahistoricidad del escritor, esta supuesta despreocupación por el éxito inmediato, vino a ser producto de su marginación del grupo social en el poder, no constituye una esencia del ser escritor.

En la afirmación, además, está explícitamente la despreocupación total sobre lo que es el teatro. El teatro es algo más que un texto dramático. Es un espectáculo que sólo adquiere existencia cuando un empresario está dispuesto a invertir cierta cantidad de dinero en su producción. Aconsejar prescindir del empresario es destinar el texto a su no representación, por lo tanto su no existencia como texto teatral, es un gesto "romántico" de prescindencia de los factores económicos como condicionantes. Insistir en despreocuparse del espectador es olvidarse que el destinatario es el espectador español de los sectores medios acomodados que es el que paga para ver el espectáculo.

c) *El discurso crítico metateatral*.- Aunque el término "metateatral" ha sido entendido predominantemente como el discurso sobre el teatro dentro del teatro, en este libro lo entendemos como la reflexión de los propios productores de textos teatrales —tanto los dramaturgos como los directores o los grupos teatrales— sobre su propio discurso o el discurso teatral, en general, y en el cual postulan funciones o responsabilidades para sus textos teatrales o para el teatro de su tiempo, reflexión que no se da generalmente dentro de los textos teatrales.[5]

El discurso metateatral, en principio, es importante para la producción de los textos. En principio, es el que sirve de guía a los autores en su acto de "creación."

Este tipo de discurso, pese a su enorme importancia para la caracterización del discurso teatral, ha sido poco estudiado de modo sistemático, especialmente en lo que se refiere al teatro contemporáneo. A nuestro juicio, su descripción es clave para proponer los modelos que permitan interpretar o periodizar la historia del teatro español o hispanoamericano.

En el pasado español, los textos más importantes dentro de esta línea son los de Lope de Vega, *El arte nuevo de hacer comedias en este tiempo*, y secciones del *Discurso Preliminar* de Leandro Fernández de Moratín a su *Historia del Teatro Español*. La mayor parte de los ensayos se han concentrado en el *Arte nuevo de hacer comedias*, como hemos indicado en otro momento de este libro.

---

[5] Patrice Pavis define el "metateatro" como el "género teatral en que el contenido encierra ya elementos teatrales." Agrega: "No es necesario —como para el teatro en el teatro— que dichos elementos teatrales formen una obra interna contenida en la primera. Es suficiente con que la realidad descrita aparezca como ya teatralizada." (*Diccionario del teatro*. México: Ediciones Paidos, 1984, 309. Ver también Lionel Abel, *Metatheatre. A New View of Dramatic Form* (New York: Hill and Wang, 1963), James L. Calderwood. *Metadrama in Shakespeare's Henriad: Richard II to Henry V* (Berkeley: University of California Press, 1979) y especialmente Richard Hornby, *Drama, Metadrama, and Perception* (Lewisburg: Bucknell University Press, 1986.

Pocos se han dedicado a las concepciones teatrales de Leandro Fernández de Moratín. Son escasos los ensayos que se han centrado en las declaraciones de los autores españoles modernos como fuentes para postular una teoría española del teatro, pese a que hay un buen número de dramaturgos que han reflexionado sobre su propio teatro. En el caso de Hispanoamérica, se le ha dado mayor importancia en los últimos años a las declaraciones de grupos teatrales que a las postulaciones de autores individuales. En uno y otro caso, sin embargo, falta la configuración de modelos.

El destinatario de este discurso es variable, pero en términos generales puede pensarse que, en algunos casos, de dirige a los especialistas en teatro, y, en otros, a los espectadores potenciales, a quienes se les explica el por qué de la modalidad teatral seleccionada.

Para la postulación de un modelo específico, por ejemplo, el análisis de los discursos metateatrales constituye un elemento esencial por cuanto a través de su estudio sería posible configurar los códigos estéticos y culturales de la producción de los textos teatrales. El discurso crítico sobre estos discursos se ha preocupado más de establecer las conexiones con los enmarcados teatrales de los discursos hegemónicos que el interpretar la funcionalidad del discurso metateatral dentro de la contextualidad de su emisión. En otras palabras, la apertura hacia la propuesta de un modelo o de unos modelos específicos encuentra, posiblemente, su mayor sustento coherente en el análisis de los discursos metateatrales dentro de ciertas condiciones históricas. La emergencia del llamado teatro colectivo en Hispanoamérica corresponde no sólo a presencia de influencias sino a una diferente funcionalidad del teatro para un distinto tipo de espectador y, especialmente, para conseguir efectos o resultados no obtenibles con los procedimientos originados en el llamado "teatro de autor," por cuanto los supuestos en uno y otro caso fueron, en un principio, esencialmente discrepantes.[6] Con respecto a la tradición española,

---

[6] Sobre las teorías del teatro colectivo, ver los ensayos recopilados por Francisco Garzón Céspedes, *El teatro latinoamericano de creación colectiva* (La Habana, Cuba: Centro de Investigaciones Literarias, Casa de Las Américas, 1978). Un buen intento de sistematización de las teorías de La Candelaria es el de Gerardo Luzuriaga, "El proceso de creación teatral según el modelo de La Candelaria," *GESTOS*, 2, (Noviembre, 1986): 75-85. Sobre el mismo tema es fundamental

un ejemplo revelador desde esta perspectiva es el de Leandro Fernández de Moratín, cuyos planteamientos han sido vistos como dependientes del discurso metateatral francés, especialmente en su postulación de cumplir con las llamadas "unidades clásicas." Una lectura "liberada" de su definición de "comedia," por ejemplo, revela una concepción del mundo diferente a la del teatro clásico francés y, en potencia, un destinatario y una problemática propia de los comienzos de la burguesía en España. Otro ejemplo sugerente de este desplazamiento en el caso de España lo constituye la evolución del discurso metateatral de Alfonso Sastre. Sastre es uno de los dramaturgos españoles más conscientes del teatro y su función social. Pese a ello, sin embargo, son evidentes los cambios o matices de cambios, los que no pueden ser interpretados sólo como cambios individuales sino que como plasmación de las transformaciones de las condiciones sociales y políticas de España.[7]

Alfonso Sastre en 1958, en los momentos de su máximo idealismo y esperanza, desde una perspectiva de izquierda cuando la tarea política de este grupo era enfrentarse al régimen de Franco, afirmaba en su ensayo "Arte como construcción":[8]

> 10 Precisamente la principal misión del arte, en el mundo injusto en que vivimos, consiste en transformarlo. El estímulo de esta transformación, en el orden social, corresponde a un arte que desde ahora podríamos llamar "de urgencia." Queda dicho que todo arte vivo, en un sentido amplio, es justiciero; este arte que llamamos "de urgencia" es una reclamación acuciante de justicia,

---

Santiago García, *Teoría y práctica del teatro* (Bogotá: Ediciones CEIS, 1983).

[7] Los principales textos teóricos de Sastre con respecto al teatro son la serie de ensayos, declaraciones y proclamas que fueron incluidas en la edición de *Cargamento de sueños. Prólogo patético. Asalto nocturno* (Madrid: Taurus Ediciones, 1964) y, de modo sistemático, *Drama y sociedad* (Madrid: Taurus, 1956), *Anatomía del realismo* (Barcelona: Seix Barral, 1974, 2a ed), *La revolución y la crítica de la cultura* (Barcelona: Ediciones Grijalbo, 1970). Véase Michele Pallotini, *La saggistica di Alfonso Sastre: teoria letteraria e materialismo dialettico (1950-1980)* (Milano: F. Angeli, 1983).

[8] Citamos por la edición de Taurus (1964).

con pretensión de resonancia en el orden jurídico.
11 Sólo un arte de gran calidad estética es capaz de transformar el mundo. Llamamos la atención sobre la radical inutilidad de la obra artística mal hecha. (109)

Estas dos frases del manifiesto implican una curiosa contradicción teórica y práctica desde la perspectiva de los principios que hemos expuestos previamente. Se afirma la voluntad de transformar la sociedad. Por lo tanto sustituir el grupo social en el poder político y cultural por otro, podemos suponer, con una concepción del mundo y de la sociedad radicalmente diferentes. Lo contradictorio radica en que Sastre afirma que es necesaria la realización "artística" de los textos. Dicho en otros términos, Sastre consideraba que el código estético de la sociedad en aquel momento era satisfactorio. Sabemos, no obstante, que en un determinado momento histórico coexisten numerosos códigos estéticos, algunos hegemónicos y otros marginales. El querer satisfacer el gusto del público, en este caso, es buscar satisfacer el código estético del grupo social y cultural hegemónico, aquél cuyo sistema de valores, precisamente, se quiere desplazar. Tanto el campesino como el proletariado o el lumpen tienen sus códigos estéticos, pero sólo consideramos legitimizado el criterio establecido por la burguesía culta o por la tradición dentro de esta clase social, con las variantes inherentes a los desplazamientos y transformaciones de este grupo social. El código estético positivo implícito en el postulado es el de los sectores medios cultos.

Alfonso Sastre como ente político aspiraba a transformar la sociedad y proponía usar el arte como instrumento de la empresa. Alfonso Sastre como dramaturgo, sin embargo, requería de la aprobación del público: el público español de su tiempo o, por lo menos, cierto sector del mismo. El único modo de lograrlo era a través de la satisfacción de los intereses estéticos de ese público, uno de cuyos principios era precisamente la esteticidad del arte, código a la vez mediatizado por la contextualidad social y política de la época. El éxito teatral se sustenta no sólo en dimensiones estéticas sino en que las ideológicas. En este caso, la ideología del público potencial discrepaba esencialmente de la ideología del productor. En cambio, la ideología y el sistema estético de Sastre coincidían o eran mirados con simpatía por los productores de los discursos críticos fuera de España, especialmente en los Estados Unidos. Esta concordancia proviene de que ambos son discursos europeizantes. Es decir, el sistema de valores estéticos se funda en los modelos de la cultura dominante en Europa. Uno de los aspectos elogiados de Sastre de aquella época era su "modernización" del teatro español.[9]

En los últimos años, Alfonso Sastre ha planteado una nueva teoría del teatro, a la que ha denominado la "tragedia compleja." La mayor parte de los críticos ha explicado esta nueva teoría como una transformación personal.[10] Es interesante observar que muchas de las características apuntadas por Sastre se dan en textos de otros dramaturgos españoles contemporáneos, tales como la desmitificación de la historia española, uso de la ironía, participación del "dramaturgo" a través del lenguaje de las acotaciones, incorporación de lo erótico, el lenguaje lumpesco o de sectores marginales, etc. Lo que prueba nuestros planteamientos iniciales de que toda visión de mundo corresponde a la conciencia colectiva de un grupo social. Por lo tanto hay que verla en relación con las transformaciones sociales de la España contemporánea, la transformación de los códigos estéticos y teatrales hegemónicos —el horizonte de expectativas— dentro de los sectores sociales asistentes a los teatros de moda, etc. Es importante hacer notar que los dramaturgos españoles contemporáneos han tenido una tendencia a teorizar sobre su propio teatro. Fernando Arrabal no sólo se ha limitado a explicar su teatro sino que ha llegado a proponer toda una teoría de la vida y del teatro, al que llama "teatro pánico," la que vendría a explicar numerosas características

---

[9] En 1967, por ejemplo, publiqué un ensayo dentro de esta línea titulado "Alfonso Sastre y la modernización del teatro español," *Anales de la Universidad de Chile*, CXXV, 141-144 (Enero-Dic., 1967): 27-45.

[10] Ver especialmente Francisco Caudet, *Crónica de una marginación. Conversaciones con Alfonso Sastre* (Madrid: Ediciones de La Torre, 1984). Un excelente libro sobre Sastre hasta 1983 es el de Hilde Cramsie, *Teatro y censura en la España franquista. Sastre, Muñiz y Ruibal* (New York: Peter Lang, 1984). Estudios generales de la obra y vida de Sastre son los de Farris Anderson, *Alfonso Sastre* (New York: Twayne Publishers, 1971), Magda Ruggeri Marchetti, *Il teatro di Alfonso Sastre* (Roma: Bulzoni, 1975), Avril Bryan, *Censorship and social conflict in the Spanish teatre: the case of Alfonso Sastre* (Washington: University Press of America, 1982)

de los personajes de sus obras.[11] Antonio Buero Vallejo, otros de los "grandes" del teatro español de la postguerra ha teorizado sobre el el teatro en general y al comentar sus propias obras y estrenos, explica indirectamente su propia concepción.[12] Jerónimo López Mozo, además de hablar de su teatro, ha propuesto una teoría de lo que en este libro llamamos discurso teatral marginal en *Teatro de barrio, teatro campesino* (Madrid: Zero, 1976) en el cual propone métodos para alcanzar a los sectores sociales a los cuales no llega lo que llama el "teatro comercial."

De este modo, son numerosos los libros y los ensayos de los autores sobre la funcionalidad del teatro o en los que explican su propia producción.[13] Pocos son, sin embargo, los ensayos o los libros, si es que hay alguno, en los que se haya intentado elaborar modelos teóricos, vinculados a las condiciones históricas, sobre la base de estas numerosas reflexiones. Este es uno de los muchos aspectos del teatro español de la postguerra que no ha sido estudiado, aunque bien podría proyectarse la afirmación a toda la historia del teatro español.

Dentro del contexto latinoamericano este discurso ha experimentado las variantes requeridas por los cambios en las circunstancias históricas y los desplazamientos ideológicos de los sectores productores del mismo. En consecuencia, un examen sincrónico —una serie de autores en un mismo corte en el tiempo— y un análisis diacrónico de este discurso podría proveer interesantes claves para entender la ideología del grupo o la pluralidad ideológica en un momento histórico. Sería indispensable llevar a cabo una recolección de las declaraciones y entrevistas en los diarios a los dramaturgos con el fin de configurar este discurso meta-

---

[11] El teatro pánico de Arrabal ha determinado el surgimiento de una tendencia semejante en Hispanoamérica. Alejandro Jodorowsky tiene un pequeño volumen, *Teatro Pánico* (México: Alacena/Era, 1965), en el que incluye su propia teoría de lo pánico y algunos textos "pánicos."

[12] Una lista bastante completa de los textos en que Buero Vallejo expone su pensamiento puede encontrarse en la bibliografía "Otros escritos" incluida en *Estudios sobre Buero Vallejo*, volumen editado por Mariano de Paco (Murcia: Universidad de Murcia, 1984)

[13] Una buena colección en este sentido es el volumen editado por Klaus Portl, *Reflexiones sobre el nuevo teatro español* (Tubingen: Max Niemeyer Verlag, 1986)

teatral y sus condicionamientos ideológicos.

Un estudio por realizar es observar la interrelación de estos discursos con los manifiestos europeos y establecer las diferencias y transformaciones condicionadas por las situaciones prácticas de la producción teatral. Hasta el momento, no conozco ningún estudio que haya examinado el discurso metateatral latinoamericano. Tal como se da en el caso de España, no obstante, son numerosas las declaraciones o, en algunos casos, los volúmenes dedicados por autores, o grupos teatrales en los que se habla del teatro o de la función del teatro en las circunstancias históricas latinoamericanas. Sólo una vez que se lleve a cabo este examen será posible analizar sus semejanzas y diferencias con respecto al europeo y su impacto en cuanto a la producción de textos nacionales.

En el plano de los enunciados colectivos, dentro del contexto chileno uno de los más trascendentes es el manifiesto del Teatro Experimental en el año 1941. Varios han apuntado a la fundación del Experimental como vinculado con la renovación nacional en el plano político sustentada en el ascenso al poder de los partidos conformadores del Frente Popular, triunfantes en 1938.[14] Lo que no se ha examinado en profundidad, por otro lado, es la relación ideológica entre un movimiento y otro. Los fundadores del Experimental han insistido en dos dimensiones esencialmente contradictorias, aunque los historiadores del teatro chileno no las han visto como tales: la necesidad de importar técnicas y formas teatrales europeas y desarrollar o abrir oportunidades para el surgimiento de grupos teatrales y autores nacionales. La prioridad, sin embargo, se afirma para el primer factor por cuanto los segundos, para alcanzar la categoría de autores de calidad, deben ceñirse a las normas del teatro europeo. La tendencia ha sido, predominantemente, explicar el surgimiento por la presencia de elementos teatrales. En 1982, Fernando Debessa, por ejemplo, concede gran importancia a las visitas de Margarita Xirgú y de Louis Jouvet.[15] Con respecto a la primera anota: "¿Qué hubo en éstas que produjeron ese efecto fecundante en el teatro chileno? En primer lugar

---

[14] Sobre el Teatro Experimental ver: Carlos Ochsenius, *Teatros Universitarios de Santiago: 1940-1973* (Santiago, Ceneca, 1982).

[15] "Tres dramaturgos chilenos," *Teatro chileno contemporáneo* (Santiago: Editorial Andrés Bello, 1982)

que Margarita nos reveló el universo dramático de García Lorca, que nos sorprendió, nos maravilló y nos conquistó para su estética."(5)

El poder del discurso crítico hegemónico y su influencia para las posibilidades de éxito o fracaso de un texto teatral han forzado a muchos autores a recurrir a un discurso metateatral discrepante con respecto a su propio discurso teatral. Es decir, mientras su texto teatral implica una toma de posición con respecto a una situación social o política particularizada sus declaraciones tienden a afirmar una validez "universal" o no limitada. Naturalmente, los matices surgen del grado de compromiso del autor con una determinada ideología o las condiciones históricas y sociales.

Un volumen parcialmente útil en este sentido es *Teatro chileno actual*[16] en el cual se incluyen una serie de afirmaciones de varios autores, cuya selección en sí ya es sugerente: Jorge Díaz, Alejandro Sieveking, Luis Alberto Heiremans, Sergio Vodanovic, Molleto, Gabriela Roepke, Fernando Debessa, Isidora Aguirre, José Ricardo Morales. Con excepción de Morales, todos ellos son aproximadamente de una misma edad, aunque con evidentes diferencias ideológicas. El análisis del discurso de estos autores bien puede constituirse en un indicio del proceso ideológico en Chile a mediados de la década de los sesenta.

Jorge Díaz, por ejemplo, afirma: "he asumido el papel de iracundo profeta o consejero moralizante o anatomopatólogo social;... he producido, a pesar mío, chispazos de verdad, en que se hallaba algo del dolor y densidad del hombre verdadero." (269)

Fernando Debessa sigue una línea semejante en el supuesto de la existencia de un ser humano ahistórico: "explorar el ser humano frente a sus conflictos individuales y sociales."(76) Y luego, da la respuesta:

> Trato de esquivar los dogmas, sobre todo los dogmas de moda. Busco apoyarme directamente en la observación, una observación excéptica y optimista a la vez. Excéptica, porque a fuerza de contemplar el desfile de las hormigas descubro por qué cada una transporta su grano. Y optimista, porque creo que el ser humano está provisto de un misterioso poder de recuperación, que le

---

[16] *Teatro chileno actual* (Santiago: Zig-Zag, 1966)

permite sobreponerse a las más graves crisis de todo orden. (77)

En la misma época, Isidora Aguirre, luego de hacer una revisión de la función predominante de sus obras anteriores, afirma lo que es para ella en 1966 la función del teatro, al explicar la función de *Los Papeleros*:

> cumple con su misión de testimonio, que es para mí la primera del teatro que hace pensar, aunque deja a los políticos y a la opinión pública —demasiado indiferentes, porque no conocen los verdaderos problemas de la miseria— la tarea de buscar la solución, siendo a la vez una crítica franca contra el régimen imperante y contra las deficiencias de las leyes sociales en su aplicación defectuosa. (53)

Los ejemplos citados son representativos de las dos tendencias más significativas en América Latina: el mensaje en función del ser humano como ente fuera del tiempo y el mensaje en función del ser humano como existente en una determinada condición histórica. La función del teatro en cuanto mostración del ser humano fuera de la situación específica, que constituía un elemento central del discurso teatral hegemónico, casi ha desaparecido en los años 80 en el país, cuando la mayor parte de los intelectuales —tanto de la Democracia Cristiana como de la Izquierda— han asumido una posición antagonista al poder político dominante.

El discurso crítico metateatral, insisto, no es un discurso de verdades eternas, sino manifestación de posiciones de grupos sociales y la expresión de la "función" del teatro en un momento específico de la historia. Jorge Díaz, que en 1963 —poco antes del ascenso de la Democracia Cristiana y de la elección de Eduardo Frei— proclamaba la universalidad, en 1969, cuando se intensificó la antítesis izquierda-derecha altera su serenidad y postula un teatro de provocación:

> Trabajo con Jorge Celedón en una obra que yo llamaría 'teatro de provocación,' con menos literatura y menos pirotecnia que en anteriores producciones. Es una forma dramática que juzgo necesaria y lógica en estos momentos en Chile y América Latina. La idea es producir un efecto de provocación y desafío físicos, un

efecto brutal, que busca sacar de sus casillas al espectador y, de pronto brindar testimonio con documentos, seleccionados de tal manera que surja el desconcertante mecanismo de lo absurdo, gracias a un enfrentamiento de tipo grotesco.[17]

Una vez más, entonces, las transformaciones del discurso no son productos sólo de cambios individuales sino que de las variantes en las condiciones históricas y las tomas de posiciones de los grupos culturales productores de los discursos.

Un estudio más en profundidad implicaría establecer las relaciones y los factores mediatizadores diferenciados en los tres tipos de discursos que hemos distinguido con respecto a historias particularizadas, ya sea nacionales o internacionales. Aún así, el cuadro posible requeriría de numerosos estudios prácticos reveladores de esos factores. A modo de ejemplo, podría señalarse el destinatario de cada uno de los discursos, los intermediarios editoriales —tanto de revistas como de libros— que condicionan el discurso del crítico, el poder político y su interés en el manejo del teatro como instrumento cultural o político, la relación entre ciertos códigos estéticos y las tendencias ideológicas, etc. Los ejemplos del teatro chileno de este capítulo, naturalmente, no esperan agotar el caso. Por el contrario, los he utilizados de modo parcial y funcional a la comprobación de las hipótesis.

Como he indicado previamente, esta primera concientización de la pluralidad de discurso críticos —cuyo referente es el teatro— va unida a la pluralidad y diversidad fundadas en diferencias de códigos estéticos e ideológicos que los sustentan. Dentro de la pluralidad, algunos emergen como más significativos. No hay *un* discurso teórico en un momento histórico, por ejemplo, sino que de los varios distinguibles algunos son reconocidos o aceptados como definitorios de una instancia o son considerados como definidores del "canon" oficial o cultural. Esto nos conduce a la segunda serie de categorías en la tipología de los discursos críticos que es indispensable proponer.

---

[17] En entrevista de Yolanda Montecinos, "El nuevo Jorge Díaz," *Ecran* (Santiago, 9 de enero, 1968).

Capítulo 5

TIPOS DE DISCURSOS CRITICOS
DESDE LA PERSPECTIVA DEL PODER

1.- El concepto de poder

Aunque el concepto de hegemónico, desde Gramsci, ha sido casi tradicional en los estudios marxistas, Foucault le dio una impronta menos cargada de connotaciones potencialmente partidarias. Al referirse a conocimientos habla de saberes hegemónicos y saberes subyugados. Sus planteamientos con respecto a la "arqueología del saber" proporcionan los fundamentos para un nuevo modelo de historia, en el cual precisamente, se evidencia la necesidad y la conveniencia de estudiar la pluralidad de las formaciones discursivas y el rechazo de la continuidad como factor del modelo.[1] Es, sin embargo, en su conferencia del 7 de enero de 1976 donde expone más claramente el concepto:[2] "By subjugated knowledges I mean two things: on the one hand, I am referring to the historical contents that have been buried and disguised in a functionalist coherence or formal systematization." (81) Agrega: "Subjugated knowledges are those blocs of historical knowledge which were present but disguised within the body of functionalist and systematizing theory and which criticism— which obviously draws upon scholarship— has been able to reveal." (82) Por último, observa:

---

[1] Sobre estos conceptos ver especialmente *La arqueología del saber* (México, Siglo XXI Editores, 1970)

[2] Citamos por la edición norteamericana. Conferencias incluidas en *Power/Knowledge. Selected Interviews and Other Writings. 1972-1977.* (New York: Pantheon Books, 1980) Varios de los materiales de este libro se encuentran en español en *Un diálogo sobre el poder* (Madrid: Alianza Editorial, 1981)

> On the other hand, I believe that by subjugated knowledge one should understand something else, something which in a sense is altogether different, namely, a whole set of knowledges that have disqualified as inadequated to their task or insufficiently elaborated: naive knowledges, located low down on the hierarchy, beneath the required level of cognition or scientificity. (82)

Foucault, además, ha insistido en la interrelación entre actividad discursiva y poder: es decir, la necesidad de interpretar el discurso literario como práctica social y las relaciones entre esta práctica y el ejercicio del poder.[3] No debemos entender *poder* en el sentido del poseedor del poder político, ya sea el Estado o un individuo, sino como una ramificación de fuerzas que, en constante conflictividad, aspiran a la hegemonía. El propio Foucault ha caracterizado el concepto en varias ocasiones. Nos parece que una buena síntesis es la que presenta en *Historia de la sexualidad*.[4] Foucault resume el planteamiento al indicar: "el poder no es una institución, y no es una estructura, no es cierta potencia de la que algunos estarían dotados: es el nombre que se presta a una situación estratégica compleja en una sociedad dada." (113)

La interrelación entre discurso y poder aleja al discurso crítico sobre el teatro —como a todo discurso sobre textos literarios— de un significado exclusivamente inmanentista y lo inserta dentro del funcionamiento de las conflictividades en torno al poder, no en términos generales sino muy concretos en cada circunstancia histórica.

Puesta en esta perspectiva, alcanza aún mayor relevancia la antítesis hegemónico y subyugado. Nos parece, sin embargo, que la dualidad postulada por Foucault no ofrece la variedad suficiente para aprehender la diversidad que nos interesa destacar. Por ello, preferimos ampliarla

---

[3] Además de *Power/Knowledge. Selected Interviews and Other Writings* ya citado, ver *Historia de la sexualida*d.(Madrid, Siglo XXI Editores, l978) Varios intentos de aplicación del concepto de poder a la literatura hispanoamericana se encuentran en el volumen editado por Neil Larsen, *The Discourse of Power. Culture, Hegemony and the Authoritarian State in Latin America* (Minneapolis: Institute for the Study of Ideologies and Literature, l983)

[4] Citamos por *Historia de la sexualidad.1 La voluntad de saber* (Madrid: Siglo XXI de España, 1978)

a cuatro formas discursivas, desde la perspectiva de su relación con las fuentes de poder, las que, dentro de la limitación impuesta por las mismas categorías, entreabren un camino que permite pluralizar y diversificar los modelos y las prácticas de los discursos tanto críticos como teatrales en una determinada situación histórica.

Aunque el concepto de poder parece claro en las descripciones de Foucault, en el caso de las producciones culturales la interrelación es, en la práctica, mediatizada por numerosos factores y da origen a que sean muchos los matices que se hace necesario precisar cuando se trata de la práctica cultural. Es posible que sea indispensable hablar, por ejemplo, de varios tipos de poder en un determinado momento histórico, entre los cuales la interrelación y funcionalidad de cada uno de ellos se puede dar de modo diferenciado en distintos momentos históricos y en distinta relación con respecto a los productos culturales o discursivos. Las precisiones de Foucalt son, por ejemplo, importantes en tanto insisten en que no se trata de un poder: el político, por ejemplo, sino de una red de presencias condicionantes. El problema es si los constituyentes de esa red dependen de un centro de poder o es posible que se den de modo independientes o relativamente independientes. En cuanto al discurso crítico sobre el teatro, habría que indicar que son muchos los matices posibles y que su descripción deber ser histórica, en el sentido de que se describa en primera instancia casos tanto de América Latina como de España, para luego proponer las teorías.

Si establecemos, por ejemplo, tres fuentes generales o tres tipos de poder presentes de algún modo en la producción de los objetos culturales —el político, el económico y el cultural— sería posible observar que no siempre se da una coincidencia en igualdad de presencia o concomitancia de los tres. En algunas condiciones históricas, en ciertas clases de formaciones sociales el poder cultural no es sino la expresión del poder político o del económico. En otras condiciones, se da el fenómeno inverso: la independencia del poder cultural con respecto al poder político. Considero que sería posible afirmar que en los primeros años del gobierno de Franco en España había una íntima correlación entre poder político, económico y cultural, la que se manifestó en los tipos de discursos críticos dominantes en la España de la época. En el caso de Cuba del período castrista, todo parece indicar que los tres poderes mencionados constituyen tres aspectos o plasmaciones de un mismo poder, el poder del Estado. En algunas de las dictaduras latinoamericanas, en las cuales se ha enajenado a ciertos sectores de los estamentos medios, se ha dado el fenómeno inverso, y el poder cultural se ha constituido en el antagonista del poder político, de modo que los discursos hegemónicos son portadores de los valores de los grupos opositores al poder político y económico. Una vez más, no se trata de relaciones absolutas ni preestablecidas. Por el contrario, deben ser analizadas e interpretadas en cada condición histórica. Generalmente, la existencia de la censura, por ejemplo, hace suponer la imposibilidad o la dificultad de la expresión teatral. Se ha citado muchas veces la censura española de los tiempos de Franco. En Chile, a partir de 1973 se establece la censura. Sin embargo, esta censura implicaba la censura de los textos a ser publicados. Es decir, debían ser aprobados para ser publicados. El hecho que las representaciones teatrales no eran "publicaciones" las eximía de pasar por la aprobación oficial. Una de sus consecuencias fue que una buena porción del teatro chileno después del 75 se configuró en el espacio de la crítica política.

2.- *Las categorías*

Sin considerarlas como categorías esencialistas, he propuesto considerar como categorías de referencias cuatro tipos de discursos críticos: discursos críticos hegemónicos, discursos críticos desplazados, discursos críticos marginales y discursos críticos subyugados.[5]

a) *Discursos críticos hegemónicos*.- Tipo de discurso crítico que corresponde a la práctica discursiva del poder cultural dominante dentro de una formación social. El emisor se sustenta en el sistema de valores, los códigos culturales e ideológicos del grupo cultural dominante, el que no es necesariamente —en el caso del discurso crítico sobre el teatro— el grupo político o económico dominante. Nos parece que es importante destacar el adjetivo "cultural" por cuanto remite hacia la relatividad que hemos apuntado previamente.

---

[5] "La especificidad del discurso crítico sobre el teatro hispanoamericano," *Gestos*, 2 (noviembre, 1986): 57-74. Desarrollamos con mayor extensión el mismo tema en el ensayo "Historia del teatro latinoamericano: tipos de discursos críticos y discursos teatrales," *Dispositio* XIII. Nos. 33-35 (1988): 147-160.

El emisor del discurso y el destinatario tienden a pertenecer a los sectores medios o urbanos cultos. Por lo tanto el desplazamiento de los mismos proviene de las variantes de intereses de estos sectores.

En el plano de los discursos críticos sobre el teatro en América Latina y España, por ejemplo, ha predominado —como apuntamos anteriormente— un *discurso crítico teórico* fundado en los llamados grandes textos teóricos de Occidente, desde Aristóteles hasta nuestros días, lo que ha impuesto un discurso sustentado en los códigos estéticos y culturales de los llamados sectores urbanos cultos, de orientación europeizante. Elemento indispensable de todos estos discursos es su integración o dependencia de las teorías europeas. En el período contemporáneo, el discurso crítico teórico ha sido producido preferentemente por profesores universitarios, quienes entran en "diálogo" con los grandes textos de Occidente. Generalmente, los destinatarios de estos discursos son especialistas en áreas limitadas, manejadores de un código lingüístico restringuido a unos pocos. Este tipo de discurso experimenta las variantes de acuerdo con los códigos estéticos e ideológicos dominantes en su tiempo dentro del grupo social al cual pertenecen sus productores. Por lo tanto, está en íntima dialéctica con las fuerzas en el poder universitario.

La concepción kantiana de lo estético como lo no "práctico" y los esfuerzos de los sectores medios por insertarse en la tradición cultural de Occidente, ha conducido predominantemente en la dirección de distanciamiento y falta de relación con las realizaciones teatrales dentro de los países hispanoamericanos, menos aún con las condiciones históricas y políticas. Naturalmente, cuando se ha producido una concientización histórica social —como en el caso de Cuba después de la Revolución— este discurso experimenta un cambio en el mismo sentido y los grupos dirigentes le exigen al discurso una toma de posición frente a la realidad inmediata.

Un caso que nos servirá de modelo para la descodificación ideológica del discurso crítico teórico dominante producido en Hispanoamérica es el de Chile. Dentro del contexto chileno, este aspecto ha sido poco estudiado y, en general, ha tendido esencialmente a plantear problemas metodológicos, es decir, es una teoría del texto dramático con sentido pedagógico. Desde el punto de vista aquí sugerido, estos discursos críticos (Naudon, Kupareo, Martínez, Villegas, Vaisman, por ejemplo) no buscan la diferencia, ni sustentan el esquema con la contextualidad teatral latinoamericana o chilena.

Mario Naudon de la Sotta en *Apreciación teatral*[6] dedica el libro bajo el supuesto de que el discurso crítico se vincula con la producción teatral: "A mis compañeros del *Teatro Experimental de la Universidad de Chile,* con el deseo de que estas páginas les ayuden a ser mejor comprendidos en su magnífica tarea." (7) El libro intenta, en el fondo, preparar al lector o espectador para una interpretación de lo dramático universal" con ejemplos y autoridades de Occidente. Explícitamente el autor manifiesta que el público chileno del momento, carece del conocimiento de "lo que es esencial en el acto dramático, lo que entraña una comprensión defectuosa o errónea del mismo." (10) Una de las tareas que se habían propuestos los fundadores del Teatro Experimental de la Universidad de Chile en 1941 había sido precisamente la creación de un "nuevo público." De este modo, entonces, el propósito de Naudon es complementario de aquel del Teatro Experimental. El problema, sin embargo, consiste en cómo se concibe lo que debe saber el espectador, o cómo debe ser el espectador "ideal." Naudon utiliza especialmente teóricos franceses para configurar su propia teoría. Por lo tanto, lo que espera es un espectador "conocedor" de la tradición europea para que sepa valorar el teatro producido por el Teatro Experimental, el cual a su vez, en los mismos años tendía predominantemente a la representación de textos no nacionales. No sorprende, entonces, que Naudon de la Sotta no mencione textos representados por el Experimental ni textos chilenos. En el fondo, su intención real era explicar lo dramático general entendido del modo europeo y transmitir los sistemas estéticos elaborados por los teóricos europeos, especialmente franceses, bajo el supuesto de su valor trascendental, transnacional y verdadero. El problema sustancial, en este caso, es si existe lo dramático universal o si lo dramático es una categoría histórica. En el caso que nos interesa, por ejemplo, ¿las teorías formuladas por un Racine, destinadas a la justificación y explicación de fórmulas teatrales para un discurso dirigido a un sector aristocrático de la sociedad francesa del siglo XVII, podrían haber sido válidas para el discurso teatral chileno cuyo destinatario eran los sectores marginales o

---

[6] Mario Naudon de la Sotta, *Apreciación teatral* (Santiago: Editorial del Pacífico, 1956)

los sectores medios en Santiago en la década de los sesenta?
Semejante es la orientación y los propósitos de Raúl H. Castagnino en su *Teoría del teatro*. Al igual que Naudon de la Sotta, su preocupación teórica surge a posteriori de los movimientos teatrales en Argentina y emerge como necesidad para complementar la labor de esos grupos:

> Hasta el momento en que la corriente renovadora de los teatros vocacionales despertó en nuestro medio interés por el estudio de la problemática del teatro y movió esfuerzos para lograr el mejor conocimiento de su naturaleza y función, pocos eran quienes, fuera del aspecto histórico o crítico, indagaban otras facetas del arte dramático. (7)

> Entre nosotros llega acorde con el movimiento de los teatros no profesionales que se apasionan por devolver al arte dramático su significado artístico y social. Hay que reconocer a estos grupos experimentales y vocacionales, cuya floración actual es víspera sintomática de una renovación completa de la escena criolla, el haber promovido una inquietud diferente en torno al teatro; inquietud asentada sobre la base del estudio y la consagración al arte, dejando de lado toda improvisación y dilettandismo. (8)

Pese a esta posible relación con los textos producidos por grupos "no profesionales" en Argentina no hay ningún intento de demostrar con textos argentinos o latinoamericanos las teorías propuestas o resumidas. La *Teoría del teatro* de Castagnino es un excelente libro. El autor manifiesta estar al tanto de la tradición dramática y de los estudios contemporáneos sobre aspectos teóricos. Pero, una vez más es la reflexión sobre la reflexión de pensadores no latinoamericanos sin referencia ni al contexto del público —al cual se le da una gran importancia teórica.

Por ello, resulta interesante desde la perspectiva de la tradición cultural universitaria nacional y el predominio de cierta orientación ideológica, mi libro *La interpretación de la obra dramática*, publicado en 1971. Visto desde el presente evidencia aspectos reveladores de las corrientes ideológicas hegemónicas en la década de los sesenta, las que entraron en agresiva conflictividad con las que aspiraban a la hegemonía cuando los grupos de izquierda reunidos dentro de la Unidad Popular alcanzaron el poder político presidencial en 1971. La *Interpretación* es una manifestación de la presencia de la cultura europea y la función de la Universidad y la educación como transmisora de esa "cultura." Diez años antes, en mi ensayo "Los estudios de literatura en la educación nacional," incluido en el volumen *Estudios de lengua y literatura como humanidades*,[7] justificaba los estudios literarios en la escuela secundaria y en la universidad dentro de la misma perspectiva. Esta posición, sin embargo, no era individual, sino plasmación en una dirección del código cultural hegemónico en un sector del profesorado universitario en Chile en el período, bajo fuerte influencia cultural idealista europea, especialmente alemana, ya sea directamente o a través de Ortega y Gasset.

Esta perspectiva es evidente en el ensayo que encabeza el volumen y en varios de los ensayos incluidos en *Estudios de lengua y literatura como humanidades*.[8] Félix Martínez, por ejemplo, resume bien esta devoción idealista y la función de la universidad como transmisora de una cultura ahistórica: "El concepto del hombre como posibilidad superior y patrón de la vida histórica, no es, por cierto, estadístico-empírico sino ideal. Es el concepto de lo humano obtenido en la admiración de las grandes obras y vidas, esto es, en la tradición espiritual de la humanidad." (14) Martínez agregaba: "Quien logra vivir algún tiempo en intenso contacto con la tradición del espíritu, con aquellos supremos momentos de hombres egregios que son —en sentido amplio— las obras clásicas, es herido de inmediato, inequívocamente, por la degradación efectiva de

---

[7] Volumen colectivo Alliende, Camus et al. *Estudios de lengua y literatura como humanidades. Homenaje a Juan Uribe Echevarría* (Santiago: Editorial Universitaria, 1960) producto del Seminario de Humanidades de la Facultad de Filosofía, Universidad de Chile.

[8] Los integrantes de este Seminario de Humanidades eran profesores "jóvenes" de la Facultad de Filosofía de la Universidad de Chile: Felipe Alliende, Emilio Camus, Eladio García, Cedomil Goic, Pedro Lastra, Félix Martínez, Mario Rodríguez y Juan Villegas. Se reunían una vez a la semana a leer y discutir textos. Algunos de los textos trabajados fueron *Fedro* de Platón, *Investigaciones Lógicas* de Husserl, *Vida y poesía* de Dilthey y *El ser y el tiempo* de Heidegger. Félix Martínez, recién llegado de Alemania, se constituyó en el director de hecho del Seminario, el cual contó con el apoyo personal, no institucional, del Rector de la Universidad de Chile en ese momento, Juan Gómez Millas.

la existencia." (14)

Algunos rasgos de *La interpretación de la obra dramática* (1971) corresponden totalmente a este ideal: la elaboración teórica se sustenta y dialoga con los llamados "textos clásicos" de la teoría de occidente, los textos teatrales utilizados para demostrar los planteamientos teóricos son de la tradición grecoLatina, ingleses, franceses, italianos, alemanes o españoles. Es decir, se fundaba en lo que Martínez llamaba la "tradición del espíritu" y que los sectores de la burguesía nacional consideraban como la "verdadera" cultura. La misma *Interpretación*, sin embargo, parece hacerse eco tímido del movimiento ideológico con énfasis en la lectura sociológica de los textos que llevarían a la universidad los movimientos de izquierda, al indicar hacia el final del volumen el carácter parcial del análisis estructural y genérico propuesto y la necesidad de completar ese análisis con la inserción del texto dentro de su contextualidad social:

> Las ideas propuestas han de servir como un marco de referencia de posibilidades, posibilidades que se incorporan a una perspectiva que viene de una hipótesis básica: la funcionalidad dramática como evidenciadora del sentido y mensaje de la obra y la dependencia de ésta del contexto histórico, cultural y social que le ha servido de fuente generante. (126)

Las nuevas tendencias ideológicas y políticas inclinaban los intereses teóricos y prácticos hacia una funcionalidad social significativa para la transición al socialismo, que en 1960 todavía no se hacía absorbente, pero que hacia 1972, por ejemplo, llegaba a ser más rotunda, lo que era perceptible en los proyectos culturales patrocinados por los centros de investigación universitaria. Las palabras finales de mi libro, en aquellos momentos de transición cultural e ideológica, asumían las propuestas de Goldmann, ya que éstas venían a satisfacer muy bien tanto los intereses estructuralistas como los sociológicos de las corrientes intelectuales en pugna en la sociedad chilena.

Este discurso crítico, por su parte, ha privilegiado los textos teatrales que corresponden o pueden identificarse con las tendencias teatrales europeas. Este "poder cultural" ha calificado como "buenos" a los textos defendibles desde este sistema estético, pese a alguna variantes de izquierda o derecha en algunos de los países latinoamericanos.

b) *Discursos críticos desplazados.-* El tipo de discurso crítico que solía ser hegemónico en un momento histórico, pero cuya vigencia ha desaparecido dentro de los sectores hegemónicos, desplazamiento que lo transforma en un modelo arcaico o pasado de moda. En algunas circunstancias se constituye en el hegemónico dentro de sectores sociales o culturales marginales. El llamado historicismo —del modo como se le entendía hace 30 o 40 años— calza perfectamente dentro de esta categoría. Para muchos, la estilística o el estructuralismo inmanentista hoy pertenecen a este grupo.

Beatriz Rizk (*El nuevo teatro latinoamericano: una lectura histórica*), al describir el discurso crítico sobre el llamado "nuevo teatro" hispanoamericano, implícitamente, se refiere a lo que llamaríamos un discurso crítico desplazado:

> La crítica, en su gran mayoría, atendiendo a incompatibilidades ideológicas las marginó totalmente. No hay que olvidar que estamos en la época del 'formalismo' durante la cual las obras eran consecuentemente juzgadas en términos absolutistas y todas aquellas cuestiones que supuestamente pasaban por 'lastres extraliterarios,' como 'las fuerzas económicas y sociales de naturaleza abstracta -en particular: el poder político y las aspiraciones de la clase dirigente,' al parecer sólo ayudaban a entorpecer la elaboración literaria negándole a la obra 'categoría de creación. (18)[9]

En la nota respectiva, la misma autora enfatiza su interpretación al hacer notar: "Esta actitud de la crítica tradicionalista en general, extensiva al teatro, no es más que un resabio decimonónico contra el cual ya se han pronunciado no pocos teorizadores del Nuevo Teatro y del Teatro Epico o Dialéctico, su directo antecedente." (51) Sobre la base de esta descripción, se podría inferir la existencia de un modo de crítica —el formalismo— el cual, al ser aplicado al "nuevo teatro" era incapaz de percibir lo

---

[9] Las citas fueron tomadas por Beatriz Rizk de Emir Rodríguez Monegal, *Narradores de esta América*. Ver nota 11, p. 51, de *El nuevo teatro latinoamericano*.

significativo de éste. Para nosotros, sin embargo, lo más importante en este acápite es la afirmación de que ese discurso crítico ha perdido su vigencia y ha sido rechazado tanto por los practicantes del Nuevo Teatro como por los teóricos de herencia brechtiana. Desde este punto de vista, sería un discurso crítico desplazado. El caso, no obstante, del modo como lo presenta Rizk involucra ciertos supuestos que es necesario compartir para poder aceptar su planteamiento. Estos nos servirán, precisamente, para problematizar nuestra propia teoría.

El desplazamiento de un discurso crítico, no es necesariamente su ostracismo total del reino de la crítica. Implica su rechazo o desplazamiento por parte de los emisores de un discurso crítico que adquiere presencia dentro de un sector social vinculado al poder cultural. Beatriz Rizk se inserta en un tipo de discurso, cuyas raíces ideológicas se fundan en una concepción del mundo que favorece o proclama la transformación social en América Latina y que considera que el teatro es un potencial instrumento de esa transformación. Desde la perspectiva de este discurso comprometido con la substitución del poder político y social en América Latina, el "formalismo" es un discurso desplazado. Para los sectores sociales y culturales en los cuales esos supuestos no son aceptados, naturalmente, el formalismo no es un discurso crítico desplazado. Con nuestros conceptos, para los sectores culturales no comprometidos el discurso crítico "formalista" se constituye en el hegemónico.

c) *Discursos críticos marginales*.- El tipo de discurso que, coexistiendo con los discursos hegemónicos, se ve considerado por éstos como de menor valor, carente de relevancia, o no legitimizado dentro de la conflictividad de sistemas culturales en un momento histórico.[10] Generalmente, esta marginalidad del discurso emerge de la marginalidad del productor o la marginalidad de los destinatarios potenciales. La crítica

---

[10] Aunque hablaremos extensamente sobre los discursos marginales en las páginas siguientes, es interesante ver el concepto de lo marginal descrito en la introducción de Hurtado y Piña "Los niveles de marginalidad en Radrigán" en *Teatro de Juan Radrigán* (Santiago: CENECA e Instituto para el Estudio de Ideologías y Literaturas de la Universidad de Minnesota, 1984). Hay un intento interesante de definir "lo marginal," "la marginalidad" o "el marginado." Con respecto a este último, concluyen: "Este posee en común sólo la definición básica de no ser parte activa del sistema social establecido." (5)

feminista bien podría considerarse en muchos países de América Latina y España como un discurso crítico marginal. En cuanto a la Universidad norteamericana, el discurso crítico feminista progresivamente ha ido perdiendo su carácter de marginalidad que ha tenido durante muchos años. Dentro del mismo espacio académico, el llamado "neo-historicismo" también podría considerarse discurso crítico marginal. Semejante ha sido la situación de la crítica sociohistórica, la que se ha limitado a ciertos espacios y cuya difusión ha estado limitada a pocos órganos de expresión, generalmente no fundados o financiados por instituciones en el poder económico o cultural. En estos casos, sin embargo, tanto los productores como los destinatario de los discursos pertenecen socialmente al mismo espacio, pero su discrepancia proviene de la diversidad de códigos e intereses con que se enfrentan al objeto literatura. En Estados Unidos estos discursos existen a través de revistas académicas que no se constituyen, naturalmente, en las más difundidas del país.

d) *Discursos críticos subyugados*.- Tipo de discurso crítico que ha sido declarado discurso prohibido, explícita o implícitamente, por las autoridades o poseedores del poder. En algunas ocasiones se constituye en un discurso contraproducente para el sistema social desde la perspectiva del grupo social en el poder, ya sea en lo cultural o lo político, lo que da origen a su silencio. En otras ocasiones corresponde a discrepancia de códigos estéticos o morales con respecto al discurso hegemónico, político o cultural. Mientras el discurso marginal existe, pero no se le concede categoría significativa por parte de los grupos en el poder, el discurso crítico subyugado es un discurso prohibido.

En la vida académica norteamericana, por ejemplo, un discurso crítico marxista fue durante muchos años un discurso subyugado. En la actualidad, sin embargo, se ha constituido en uno marginal. Es practicado por algunos profesores sin constituirse en el dominante.

3.- *La historicidad de las categorías*

La pertenencia de un discurso crítico a una u otra categoría está íntimamente vinculada con las relaciones de fuerza y poder en las formaciones sociales. Una vez más tenemos que insistir que no corresponde a una esencialidad atemporal de los discursos en sí, sino a una historicidad condicionada por multitud de factores no necesariamente literarios. Son categorías cambiantes de acuerdo con los cambios sociales y las transformaciones de las estructuras y prácticas de poder en las diversas situaciones históricas.

En un determinado corte temporal o período no se da sólo uno de ellos sino que coexisten con diversa presencia e influencia, según sean las condiciones históricas y culturales del espacio en que se utilizan.

Es posible que cada una de estas formas discursivas sea emitida por emisores pertenecientes a la misma clase social o lo definidor provenga del pertenecer el emisor a otra clase social. Creemos, no obstante, que la clase social no es el factor determinante sino la funcionalidad del discurso, el tipo de emisor, el destinatario potencial o ideal, el modelo del mundo que sustenta al mismo, y los códigos estéticos y culturales dominantes dentro de los sectores sociales en que funcionan. Por lo tanto, dentro de las categorías mencionadas en el capítulo anterior pueden darse los cuatro tipos aquí descritos.

Naturalmente cada una de estas formas discursivas tiene su propia historia, tanto en sí como en su relación o interrelación con las otras o las formaciones no discursivas. Aun sería posible pensar en la posibilidad de establecer ritmos diacrónicos dentro de estas formas, ritmos que habría que coordinar para poder establecer, precisamente, la periodización en la historia del teatro.

Al leer los comentarios de los críticos o examinar las historias del teatro y comparar los juicios y las valoraciones con aquellas de los éxitos o fracasos teatrales en España, es fácilmente advertible una gran discrepancia entre las valoraciones extranjeras y la "realidad" teatral española.

Al estudiar el caso de Alfonso Sastre,[11] destaqué una observación del propio Sastre quien hacía notar que él —en ese momento— no se consideraba "autor de teatro español" sino dramaturgo nacido en España, precisamente por la aceptación de sus obras fuera de España y la no representación o representación fracasada dentro de la península. Creemos que el caso de Alfonso Sastre no es único y que hay varios autores españoles contemporáneos en situación semejante. El nombre que más

---

[11] Ponencia "Discurso teatral, discurso crítico y discurso metateatral: el caso de Alfonso Sastre." Modern Language Association Conference. Washington. Diciembre, 1984.

fácilmente se asocia con esta situación es el de Fernando Arrabal. Gran éxito de crítica académica fuera de España, fracaso teatral dentro de ella. Caso extremo es el de los dramaturgos llamados de "underground," los que bien podrían considerarse en cierto momento como una invención de la crítica norteamericana. Durante mucho tiempo se culpó de esta discrepancia a la censura, posteriormente se ha desacreditado al público —carente de gusto, ¡por supuesto!— y, en algunas ocasiones, a los fracasos del director o de los actores que no supieron poner en escena de modo adecuado al texto. Consideramos que las propuestas categoriales de este capítulo bien pueden contribuir a clarificar las contradicciones y establecer el vínculo entre discurso crítico, ideología y poder cultural.

Consideramos que esta serie categorial tiene que conjugarse con la que hemos propuesto previamente pasando a ser una subcategoría de la anterior. De este modo, en una caracterización de los discursos críticos en un determinado momento histórico, en principio, cada uno de los tipos anteriormente mencionados podría conformarse por cuatro series, cuya posición en el esquema tendría que justificarse social e históricamente. En un momento histórico dado, en teoría habría, por ejemplo, discursos teóricos hegemónicos, desplazados, marginales y subyugados. Lo mismo acontecería con los prácticos y los metateatrales.

4.- *El discurso crítico académico y el poder en la universidad norteamericana*

Las contradicciones o discrepancias entre el discurso crítico teórico, las distintas plasmaciones del discurso crítico práctico y el discurso periodístico es necesario explicarlas por las diferencias ideológica de los emisores, los distintos destinatarios, o la diversas presencia e interferencia de los factores mediatizadores en cada contexto histórico.

El discurso crítico, por ejemplo, producido predominantemente por académicos supone las posibilidades discursivas para los miembros de una universidad dentro de una contextualidad social y política. Es decir, el discurso del universitario no es un discurso sin limitaciones, por el contrario, es un discurso que tiene que satisfacer las exigencias, implícitas y explícitas del poder que sustenta a la institución o los supuestos ideológicos que fundan la sociedad en la que esa institución existe. Desde este punto de vista, el "poder" sobre el académico se ejerce de modo diferente en México, España, Argentina, Estados Unidos, Chile, o Cuba actual. Aún más, se ejerce de modo distinto en cada uno de estos países de acuerdo con cambios históricos, algunos de los cuales han transformado las posibilidades discursivas de la institución de modo radical entre un año y otro.

Los que vivimos y ejercemos la docencia en Estados Unidos, tendemos a creer o afirmar la libertad con que producimos nuestro discurso, lo cual conduce a la vez, a cierta actitud de "superioridad" o de "poseedor de la verdad." Desde la perspectiva que propongo lo normal sería esperar enormes discrepancias entre los juicios de los productores de discursos críticos sobre teatro en España y los emisores de discursos críticos en USA, ya que la contextualidad social y política es diferente. En el plano del discurso teórico o crítico estas discrepancias — como sugerimos, previamente— se dan pese a la presencia de otro factor de "poder" a nivel internacional: los códigos estéticos e ideológicos legitimizados dentro del discurso crítico hegemónico.

¿Cuáles son los factores del "poder," para bien o para mal, que se ponen de manifiesto en el discurso académico norteamericano sobre el teatro español contemporáneo? O tal vez ¿cuál es el "poder" en este espacio del trabajo?

En primer término, en realidad, las pregunta claves son ¿cuáles son los factores que condicionan el discurso crítico académico en la universidad norteamericana y cuáles de esos afectan especialmente o de modo específico cuando el referente es el teatro hispánico?

A nuestro juicio, hay una íntima relación entre el modo de existencia de la universidad norteamericana y el discurso crítico sobre la literatura que se produce en ella. La universidad norteamericana permite, es cierto, una pluralidad de discursos, siempre que esos discursos cumplan con ciertas normas básicas o generales, no siempre escritas, pero siempre implícitas. El ejercicio de ese poder se ejerce en el sistema de nombramientos, ascensos, o permanencias, posibilidades de becas o asignaciones, la validez que se le asigna a los ensayos publicados en revistas, ya sean estas norteamericanas, latinoamericanas o españolas, la lengua en que se escriben los ensayos o los libros —lo que a la vez implica destinatarios ligera o totalmente diferenciados.

Como hemos apuntado en capítulos anteriores, la literatura hispánica es un discurso literario marginal dentro de la cultura universitaria norteamericana. Es marginal porque la cultura española no constituye una cultura modelo —como lo han sido la alemana, la francesa— para los representantes de la cultura hegemónica. Esta marginalidad supone tanto la cultura, la lengua como la literatura españolas. Aun hay casos en que la lengua española no es considerada como lengua aceptable para los estudios de literatura comparada. Los practicantes del discurso cultural hegemónico tienden a no leer español. El teatro español, en consecuencia, es un discuso marginal dentro de una cultura marginal, con respecto a los ostentadores del poder cultural de la universidad norteamericana. Los practicantes del discurso crítico sobre este objeto tienen dos opciones. Ya sea aceptar su condición de marginalidad y asumirla como tal o aspirar a dejar de ser marginal e incorporarse al discurso hegemónico, es decir ser reconocido como no marginal. En este último caso, la búsqueda de la aceptación involucra aceptar las normas impuestas por el discurso cultural hegemónico: utilización del inglés, utilización de las estrategias aceptables para el discurso hegemónico, y, probablemente, examen o análisis desde la perspectiva de los sistemas de valores estéticos del discurso hegemónico.

La posición que la mayoría de los académicos ha asumido ha sido intentar incorporarse a ese discurso, porque la aceptación por parte del discurso hegemónico facilita publicar en las revistas de "prestigio" para ese discurso, permite los ascensos, los aumentos de sueldos o las permanencias en las universidades,

En principio, algunas de las consecuencias de esta toma de posición conducen a la selección de los temas y los textos, los cuales se justifican en función de unos "supuestos" valores universales o coinciden con la imagen de España que posee el discurso hegemónico. Es decir, por ejemplo, las representaciones de las obras de García Lorca —*Bodas de sangre* o *La casa de Bernarda Alba*— uno de los pocos autores españoles que ha tenido aceptación en los medios norteamericanos— tienden a confirmar la imagen de la España del modo como la entienden los norteamericanos: catolicismo extremo, mujeres vestidas de negro, una sociedad moralmente represiva, hombres apasionados. Si no es este modelo del mundo confirmador de una imagen previa, se juzga en función de modelos europeos estéticos que las justifiquen de acuerdo con esos valores: teatro poético, elementos míticos, lenguaje poético. En ninguna de estas dos lecturas los críticos se preguntan por la validez de las mismas en el contexto de la comunicación teatral: texto escritos para espectadores españoles en ciertos momentos claves de la Segunda República. Los textos que no correspondan a estas dos opciones tienen pocas posibilidades de aceptación por el discurso cultural hegemónico.

La tarea del crítico de teatro español en la universidad norteamericana, en consecuencia, consiste en cierto modo en demostrar la validez del discurso teatral español fuera del contexto de su proceso comunicativo. Para ello, entonces, hacen falta los instrumentos teóricos, lingüísticos que permitan insertar los textos españoles dentro de la "tradición de occidente," o que permitan calificar al discurso crítico como moderno, es decir, utilizando las estrategias de análisis, interpretación o terminología que ha puesto de moda el discurso crítico hegemónico. Naturalmente esto condiciona la selección de los textos, las orientaciones metodológicas de los cursos que se dictan, el tipo de investigaciones, los ensayos y libros que se escriben, la valoración de las revistas y editoriales en que se publica. Por otro lado nos fuerza a encontrar "temas" de dignidad y prestigio desde la perspectiva del discurso ideológico y estético dominante. Esta presión —la "presencia" del poder en el discurso académico de la universidad norteamericana— da origen a las diferencias y discrepancias entre los juicios del espectador español y los de los profesores en Universidades norteamericanas.

Consideramos que aceptar el principio de la pluralidad de discursos críticos facilitará la posibilidad de una historia plural. Una historia del teatro que no tome en consideración esta pluralidad viene a ser una historia desde el punto de vista del discurso crítico hegemónico. Las referencias aisladas a la presencia de otros textos fundados en códigos estéticos y teatrales diferentes serán siempre desde la perspectiva del discurso hegemónico y no la del propio discurso en consideración.

***

Capítulo 6

TIPOS DE DISCURSOS TEATRALES

1.- *Selección de textos e historia del teatro*

La revisión crítica de la historia del teatro y la propuesta de nuevos modelos suponen la consideración de ciertos textos como los claves, representativos o sustentadores del modelo. De aquí que la selección del "corpus" se constituya, en el fondo, en el problema central de un modelo cultural o de un modelo de periodización.

Algunas de las tareas del discurso crítico se vinculan a lo que es esencial a toda historia literaria: los criterios para la selección del corpus de textos constitutivos de la "cultura." A este propósito han señalado Lotman y Uspenskij la relevancia de este aspecto:[1]

> La transformación en texto de una cadena de hechos va acompañada inevitablemente por la selección, esto es, por la fijación de determinados acontecimientos, que se traducen en elementos del texto, y por el olvido de otros, declarados inexistentes. En este sentido, todo texto contribuye no sólo a la memorización sino también al olvido. (74)
> La longevidad de los textos forma, en el interior de la cultura, una jerarquía que se identifica corrientemente con la jerarquía de los valores. Los textos que pueden considerarse más válidos son aquellos de mayor longevidad, desde el punto de vista y según los criterios de determinada cultura. (73)

---

[1] Jurij M. Lotman y Boris Uspenskij, "Sobre el mecanismo semiótico de la cultura," *Semiótica de la cultura* . En el mismo volumen véase también para este tema el ensayo de Jurij M. Lotman, "Un modelo dinámico del sistema semiótico."

La expresión "longevidad" puede hacer pensar que el "valor" de los textos proviene de su permanencia en el tiempo, una de las demostraciones más tradicionales dentro de la tradición europea. Lotman, sin embargo, apunta la relatividad que hemos indicado en varias ocasiones, en cuanto a la validez del aserto dentro de una determinada cultura. La selección de los textos constitutivos de la historia literaria, en consecuencia, no es un proceso carente de significado político o social. Por el contrario, la inserción o marginación de ciertos textos dentro de la historia del teatro —en nuestro caso— se funda en la valoración positiva de un sistema de valores o una imagen del mundo y el rechazo de otros e implica el imaginario social que el grupo productor de teatro intenta comunicar a sus potenciales espectadores. Desde este punto de vista, una historia de la literatura no es sino la selección de textos considerados significativos dentro de la tradición cultural. A nuestro juicio, en el discurso crítico hegemónico ha habido tendencia a privilegiar los modelos de origen europeo que involucran sistemas de valores predilectos por los sectores sociales latinoamericanos que se ven a sí mismos como continuadores o practicantes de la tradición cultural europea. Posición, entonces, que conduce a dejar fuera los textos no coincidentes o no aceptables para esa posición. Superar esta dificultad supone cuestionar tanto el corpus del discurso crítico como el de los discursos teatrales. El discurso crítico, no consciente de sus propios fundamentos ideológicos ni de su dependencia cultural, ha producido una historia parcial, en la cual se han privilegiado textos estéticamente europeizantes e ideológicamente convenientes a los sectores sociales en el poder. Al mismo tiempo se ha dejado fuera enormes espacios de producción de textos teatrales que han sido casi automáticamente discriminados y marginados.

La perspectiva asumida en el capítulo anterior permite la posibilidad de proyectar el modelo a los discursos teatrales y establecer una serie de categorías fundadas en su relación con el poder, las que coherentemente integradas con el objeto "teatro" habrán de constituirse en los fundamentos de un nuevo sistema de periodización de la historia del teatro.

Aunque sería posible establecer una mayor variedad de discursos teatrales, nos limitaremos a cuatro categorías paralelas a las anteriores: discursos teatrales hegemónicos, marginales, desplazados y subyugados. Obviamente, las características definitorias presentadas para el caso de los discursos críticos en cuanto su distancia o proximidad con el poder, son, en gran parte válidas para los discursos teatrales. Por lo tanto, en la primera sección de este capítulo nos referimos sólo a algunos rasgos específicos de cada categoría proyectada al discurso teatral. Hemos apuntado en los primeros capítulos, por ejemplo, las diferencias con respecto a los destinatarios de los discursos teatrales y los discursos críticos y las diferentes intencionalidades de los emisores de los mismos. Pese a ciertas semejanzas y a la similitud de nombres, ello no significa, sin embargo, que sean exactamente equivalentes. Hemos apuntado al principio de este libro que tanto las características de los discursos críticos y de los discursos teatrales en sí como sus emisores o destinatarios son del todo diferentes.

2.- *Discursos teatrales hegemónicos*

Se constituye por los discursos teatrales producidos por los sectores culturalmente hegemónicos, aunque su destinatario puede pertenecer a sectores de otros grupos culturales. Como comentaremos posteriormente, el énfasis se da en el emisor en cuanto a factor determinante.

Existe cierto consenso en cuanto a que el discurso teatral hegemónico, tanto en España como en América Latina, es producido y dirigido a los sectores medios cultos urbanos. La tendencia general es que las formas teatrales no dirigidas a estos sectores o que no utilizan esos códigos teatrales o culturales se constituyan potencialmente en marginales.

El tema, sin embargo, requiere de un examen más cuidadoso en cada uno de los casos, por cuanto son grandes las variantes a lo largo de los siglos, variantes que corresponden tanto a los cambios fuera del sistema literario en estos períodos —tales como los grupos constituyentes del poder y la dependencia o interrelación de los sectores cultos con esas fuerzas— como a las transformaciones internas del sistema literario.

José María Díez Borque ha señalado bien, por ejemplo, el especial modo de relación de la "comedia" española del siglo XVII con el "poder."[2] Al referirse a la función del teatro, apunta:

---

[2] *Sociología de la comedia española del siglo XVII* (Madrid: Ediciones Cátedra, 1976)

> El teatro será la forma privilegiada de esta literatura dirigida al *gran público* y en cuanto tal se impondrá como misión fundamental la defensa de los valores de la monarquía, exaltando hasta la deformación mítica los atributos y funciones del Rey, tal y como corresponde a una literatura de propaganda política. Hay que pensar que el sistema represivo de la monarquía del XVII no se apoya en un sistema de policía vigilante del orden público, que no existía, y, por ello, me parecen fundamentales fórmulas de canalizar las aspiraciones colectivas, vigorizando los sentimientos de fidelidad y aceptación del Rey; este es el caso caso de la comedia de Lope. (140-141)

Díez Borque es aún más rotundo al afirmar: "En la comedia se produce una evasión de la realidad, proponiendo una ideología gratificadora y conservadora, tendente a mantener los grandes ideales patrocinados por la aristocracia." (359)

Aceptar esta interpretación implica analizar el *Arte nuevo de hacer comedias en este tiempo* y su rechazo de la *Poética* aristotélica como la instrumentalización en la práctica teatral necesaria para llevar a cabo los objetivos. Es decir, ideologizar el discurso metateatral de Lope de Vega.

Las transformaciones sociales y políticas españolas, la presencia francesa y el predominio ideológico y cultural francés del siglo XVIII, dio origen a un desplazamiento en la utilización de los códigos teatrales y la funcionalidad ideológica del teatro por parte de los grupos culturales dominantes. El siglo XVIII, en España, por ejemplo, representa la disputa en los sectores hegemónicos de dos tipos de códigos teatrales: aquellos de la tradición calderoniana y los del llamado neoclasicismo. Es posible postular la identificación de los primeros con los interesados en la conservación de las "tradiciones" españolas y la de los segundos con los grupos cultos adherentes al "despotismo ilustrado." Las fórmulas teatrales, por lo tanto, representaban dos modalidades políticas y dos formas de relación de los sectores políticamente dominantes con los sectores populares. Mientras el "neoclasicismo" supone la incorporación de las tendencias ideológicas afrancesadas; el tradicionalismo conlleva la continuación de las formas culturales tradicionales. Las narraciones del estreno de *El sí de las niñas* captan bien el tremendo antagonismo, la connotación política de los códigos teatrales y la importancia de los factores políticos contextuales en la significación de la representación del texto.[3] Desde el punto de vista ideológico, para nuestros intereses vale la pena destacar la definición de "comedia" de Leandro Fernández de Moratín, ya que pone en evidencia el enorme cambio con respecto al siglo XVII descrito por Díez Borque en cuanto a los productores teatrales.[4]

Moratín define la comedia como:[5]

> Imitación en diálogo (escrito en prosa o verso) de un suceso ocurrido en un lugar y en pocas horas entre personas particulares, por medio del cual, y de la oportuna expresión de afectos y caracteres resultan puestos en ridículo los vicios y errores comunes de la sociedad, y recomendadas por consiguiente la verdad y la virtud. (379)

Aunque son muchos los aspectos sugerentes de esta definición, es imprescindible destacar para los planteamientos de esta sección lo que afirma con respecto a "personas particulares" y la función didáctica de la comedia. Con respecto a esta última, no debe ser vista, simplemente, como un ejemplo más del "neoclasicismo" sino como la instrumentación ideológica del teatro por parte de un grupo social. La explicación de "personas particulares" apunta a que el mejoramiento de las costumbres se refiere a seres en sus espacios privados: "pinta a los hombres como son, imita las costumbres nacionales y existentes, los vicios y errores comunes, los incidentes de la vida doméstica." (101)

Es interesante destacar que la crítica posterior ha desvalorizado totalmente la corriente tradicionalista y exaltado la neoclásica. Lo que, en el

---

[3] Una pintoresca descripción de este episodio lo hace Benito Pérez Galdós en el Episodio Nacional *La corte de Carlos IV*.

[4] He analizado *El sí de las niñas* como manifestación de la ideología de la ilustración en su estructura dramática en "*El sí de las niñas* como obra dramática," en *Ensayos de intepretación de textos españoles* (Santiago: Editorial Universitaria, 1963)

[5] Leandro Fernández de Moratín, *Orígenes del teatro español* (Buenos Aires: Editorial Kier, 1946)

fondo, significa que el discurso crítico ha suscitado y reforzado la percepción del mundo de los sectores liberales burgueses que se incoaban en la época. Perspectiva que ha conducido a afirmar poco menos la no existencia del teatro español del siglo XVIII. El desplazamiento de la perspectiva "formalista" europea por una preocupación del fenómeno teatral como "teatral" hace evidente que pocas veces en la historia de España se ha dado una mayor efervescencia por el teatro, los actores, las actrices. Los trabajos de Cotarelo y Mori sobre el teatro de la época o actrices como María Ladvenant confirman esta afirmación.[6]

La complejidad del problema es evidente, por ejemplo, en el comentario de Francisco Ruiz Ramón con respecto al público contemporáneo y el teatro realista y el teatro no-realista.[7] La idea básica es el desplazamiento de la hegemonía de ciertas técnicas, por lo tanto, la transformación de los códigos teatrales cuando se produce una transformación política significativa.

> Partiendo de esa distinción entre todos los públicos y el público minoritario, me atrevería a seguar que durante la dictadura franquista el teatro realista se dirigía, no tanto por razón de estructura dramática del conflicto o del tema como de su lenguaje, a todos los públicos, mientras que el teatro no-realista, tanto por razón de su estructura como de lenguaje dramáticos, sólo a un público. Este público, radicalizado, lo mismo que el autor, por su circunstancia, identificaba el acto de ver —cuando le era dado ver— o de leer teatro con un acto de afirmación política, desde su condición de público alienado. (97)

La cita de Ruiz Ramón nos hace evidente la historicidad o transitoriedad de la hegemonía de un discurso teatral o la pluralidad del mismo en un determinado momento histórico, en este caso, de acuerdo con las

---

[6] Ver, por ejemplo, Emilio Cotarelo y Mori, *Estudios sobre el arte escénico en España. María Ladvenant y Quirante, primera dama de los teatros de la corte* (Madrid: Casa Editorial Bailly y Bailliere, 1911)

[7] Francisco Ruiz Ramón, "Apuntes sobre el teatro español de la transición," en *Reflexiones sobre el Nuevo Teatro Español*, ed. por Klaus Portl.

condiciones políticas. Desde este punto de vista, dentro de los sectores cultos de oposición al régimen franquista el discurso teatral hegemónico habría sido lo que denomina "teatro no-realista"; en cambio en el llamado gran público, el discurso teatral hegemónico era el "realista." Aunque las categorías —que además son las tradicionales entre los críticos y pensadores españoles actuales— son discutibles, el planteamiento es valioso para nuestros intereses y refuerza la necesidad de entender al público o al espectador potencial como ingrediente indispensble de una historia del teatro.

A partir del siglo XIX en América Latina, los códigos teatrales hegemónicos tienden a ser los de origen europeo, lo cual constituye, por una parte, un indicio de los intereses culturales de los sectores dominantes durante este período. María de la Luz Hurtado, por ejemplo, caracteriza el discurso teatral hegemónico contemporáneo en el caso de Chile de un modo que bien podría ser válido en toda Hispanoamérica:[8]

> De él se destacan sus vínculos con las formas teatrales europeas y norteamericanas de vanguardia, a las que se conoce como modelo inspirador para su modernización y para su obtención de la jerarquía de alta cultura o de elaboración estética superior. Correlativamente, se valora el hecho de haber superado o cortado raíces con el movimiento teatral hispánico imperante hasta ese momento. (122)

Aunque las transformaciones sociales e históricas han originado desplazamientos de grupos sociales en el poder durante este tiempo, los intereses y los modelos culturales han seguido siendo esencialmente aquellos de ciertos países europeos. Por ello, no es de extrañar la inclinación del teatro hispanoamericano hacia estos modelos. Sin embargo, una vez más sería necesario establecer una serie de distingos, algunos de los cuales serán incluidos en la ejemplificación de un modelo de periodización para el teatro hispanoamericano.

---

[8] "El melodrama, género matriz en la dramaturgia chilena contemporánea: constantes y variaciones de su aproximación a la realidad," GESTOS, 1 (Abril, 1986): 121-130.

3.- *Discursos teatrales marginales*

Los discursos teatrales marginales vendrían a ser todas aquellas manifestaciones teatrales que no coinciden con los códigos estéticos e ideológicos de los emisores del discurso crítico hegemónico. Por lo tanto, dentro de la categoría puede darse una multiplicidad de discursos teatrales y, a la vez, constitutirse en una categoría sumamente dinámica. Es decir, en un determinado momento histórico no se da sólo un tipo de teatro marginal. Por el contrario, creemos, el discurso crítico debe esforzarse por percibir la pluralidad y la diversidad. En principio, podría pensarse en que la marginalidad proviene de la marginalidad de su emisor y/o su destinatario potencial. Hay que entender, sin embargo, que las causas de la marginalización pueden ser muy variadas y no siempre se explican por las diferencias de clase social. Puede darse tanto la situación de la marginalidad proveniente de la marginalidad del emisor del discurso como de la marginalidad del receptor o destinatario. Emisores o productores de los sectores medios cultos producen textos teatrales dirigidos a sectores sociales a los cuales el discurso crítico no considera como de primera importancia o le asigna criterios estéticos desvalorizados por los códigos dominantes. Desde este punto de vista, pueden constituirse en discurso teatrales marginales, textos o producciones destinadas a sectores sociales populares —obreros, campesinos, lumpen—; textos cuyos destinatarios son mujeres de los sectores medios; el teatro para niños tampoco forma parte de las historias de las "grandes obras," etc. De este modo, no hay una "esencialidad" de la marginalidad teatral, por cuanto ésta es una categoría histórica. Un mismo tipo de teatro puede pertenecer a distintas categorías según sea el espacio y el tiempo histórico en que se produce. Naturalmente, su distancia con respecto al centro hegemónico varía de acuerdo con los intereses y las transformaciones de los intereses ideológicos o estéticos de los grupos hegemónicos. Naturalmente, la discrepancia ideológica entre discurso crítico hegemónico y los discursos teatrales relega a los no coincidentes a la marginalidad teatral.

El teatro infantil presenta el curioso caso de ser casi ignorado por la crítica, pese a la enorme posibilidad de eficacia del mismo en la configuración o percepción de la sociedad. Son escasos los ensayos sobre el tema. Las tendencias reformistas o revolucionarias en América Latina desde hace algunos años han comenzado a considerar el teatro infantil como instrumento político o de cambio social. Este hecho no sólo supone aceptar la tesis de la importancia del teatro como instrumento de cambio, sino el reconocimiento implícito que el teatro tradicional —por llamarlo de algún modo— para niños refuerza los sistemas de valores o los parámetros de conducta de la sociedad latinoamericana actual. Por ello, no es de extrañar que uno de los pocos intentos por formalizar los modelos sustentadores del teatro infantil aparece en el número 64 de *Conjunto* en el cual se incluyen varios ensayos sobre el tema. Armando Carías propone una interpretación ideológica de los modelos del mundo funcionando en el teatro infantil, al que debemos entender, en este caso, como el teatro infantil de la burguesía:[9]

> La formación de los estereotipos bueno-malo-feo, bonito, pareciera ser el soporte fundamental sobre el cual se apoya la estética dominante para hacer valer "su derecho" a manipular los gustos y los criterios del público menudo. De este modo se conforma un lenguaje-código capaz de revertir signos y símbolos en imágenes visuales, auditivas y expresivas de connotaciones convencionales precisas para el niño espectador. (37)

Un análisis del discurso metateatral expreso en "Teatro latinoamericano para niños: opinan los credores" en el mismo volumen revela valiosas relaciones entre la función del teatro e ideología. Todos los dramaturgos entrevistados reconocen el carácter secundario del teatro infantil en la práctica teatral latinoamericana, pero al mismo tiempo todos afirman la enorme importancia para el futuro de América Latina, aunque cada uno enfatiza la dimensión funcional a sus propias percepciones de ese futuro.

Para algunos éste podría ser el caso del teatro producido por mujeres a lo largo de la historia del teatro hispanoamericano o español, en los cuales son muy pocos los nombres de mujeres que figuran como destacados. A este propósito, no creo que se llegue a la afirmación de Sigrid

---

[9] "Patrones estéticos y estereotipos en el teatro infantil," *Conjunto*, 64 (abril-junio, 1985): 36-44.

Scholtz Novak con respecto al teatro alemán:[10] "Histories of German drama and standard reference works maintain that women have never contributed significantly to the German drama. Indeed, there is the prevailing consensus in German literary circles —past and present— that women are by nature incapable of producing dramatic works of high quality." (47) Sin embargo, el hecho indudable es que son poquísimos los nombres de dramaturgas que han adquirido importancia. Si el fenómeno se debe a la ausencia de dramaturgas, a los criterios para valoración de los textos por parte del discurso crítico hegemónico, a las opciones que una dramaturga tiene para estrenar sus textos o a otros factores ha sido poco estudiado. Vale la pena señalar, no obstante, que la emergencia del llamado feminismo dentro del discurso crítico hegemónico ha conducido a "descubrir" ciertas dramaturgas y, en el caso de Hispanoamérica y España, hay unas pocas a las que se les concede cierto reconocimiento.[11]

Un ejemplo poco estudiado en esta perspectiva en la historia del teatro latinoamericano, ha sido el discurso teatral anarquista, el cual pertenece a la categoría tanto por su dimensión de marginalidad ideológica como por la marginalidad de sus productores y potenciales destinatarios. Fenómeno que se explica fácilmente por la derrota política de los sectores anarquistas en América Latina y España, cuyos ideales sucumbieron tanto a las organizaciones políticas de izquierda como al rechazo de los sectores social-demócratas que constituyeron los intelectuales de los sectores medios, intelectuales de izquierda o los sectores de centro o centro-derecha de las burguesías nacionales.

El caso de Valle-Inclán en España es también interesante porque evidencia varios aspectos significativos del modelo. Uno de ellos es la historicidad de las pertenencias a las categorías propuestas. El discurso teatral de Valle Inclán en su tiempo intentaba aproximarse a la van-

---

[10] "The Invisible Woman: The Case of Female Playwright in German Literature," *Journal of Social Issues*, vol. 28, number 2 (1972)

[11] Ver los ensayos de Griselda Gambaro "¿Es posible y deseable una dramaturgia específicamente femenina?,"y Sandra M. Cypess, "La dramaturgia femenina y su contexto social," ambos en *Latin American Theater Review*, 13/2 (Summer 1980)

guardia teatral europea. Sin embargo, fue rechazado por el público y los practicantes del discurso crítico en España y desconocido fuera de España. De este modo, en términos generales, podría afirmarse que se constituyó en un tipo de discurso marginal, en el cual el destinatario potencial lo constituía una minoría. Con los años, no obstante, al parecer ha perdido este carácter marginal para pasar a formar parte del discurso teatral hegemónico a nivel internacional, por cuanto la mayor parte de los críticos sancionan o proclaman sus grandes valores.

Francisco Ruiz Ramón, en el ensayo anteriormente citado ("Apuntes sobre el teatro español de la transición"), hace notar que una de las tareas que se asignó a la renovación del teatro español al término de la dictadura y la censura fue lo que llama la "operación rescate" la cual consistía en actualizar "los viejos textos marginados," entre los cuales figuraban algunos de Valle Inclán y García Lorca: "estrenar en el nuevo presente intencional o realmente democrático algunos de los grandes textos dramáticos anteriores a la guerra civil de 1936..." (95) El mismo autor, sin embargo, recuerda el fracaso de estos intentos dentro de la sociedad española del momento: "la respuesta del público fue bastante tibia en cuanto a asistencia se refiere, traduciéndose en pérdidas económicas para los empresarios." (95)

Este "actualizar" implica toda la problematicidad teatral e ideológica de la utilización de textos de un contexto y su utilización significativa dentro de otro contexto, utilización que necesariamente requiere de la deformación o silenciación de lo significativo en el pasado para que adquiera presencia significativa en el presente. Prescindiendo de este problema, que discutiremos en otra ocasión, nos interesa apuntar que lo que se da en este ejemplo es un intento de transformar en hegemónico para un tipo de espectador, ciertos textos que eran marginales dentro de su contexto teatral, cultural e ideológico. La intención de los productores, entonces, de transformar en hegemónicos ciertos discursos teatrales marginales fracasa por la no transformación o inadecuada transformación de los receptores.

Los códigos estéticos del público hegemónico explica gran parte de la marginalidad de formas teatrales emergentes en un determinado momento histórico. Tal es el caso del llamado "teatro independiente" en los tiempos de la dictadura franquista en España, el que sin el apoyo del Estado ni instituciones que lo financiaran de modo permanente tuvo que limitarse a una especie de guerrilla teatral, de apariciones súbitas, efímeras.[12]

Para nuestros propósitos interesaría desarrollar una tipología posible de los discursos marginales existentes en un determinado momento histórico, sus productores y destinatarios, los modelos y los códigos definidores, su proceso de transformación desde el pasado hasta el presente y sus relaciones con las formaciones sociales.

4.- *Discursos teatrales desplazados*

Al igual que en el caso de los discursos críticos, éste es el discurso teatral que en algún momento se constituía en el hegemónico, pero cuyos códigos han perdido su vigencia dentro de los sectores culturales hegemónicos.

Naturalmente hay una interrelación entre los códigos estéticos y teatrales que los constituyen y los desplazamientos de los grupos o tendencias ideológicas con los cuales se asocian. Por otro lado, en muchas ocasiones parece ser producto de la falta de actualidad o vigencia de sus códigos estéticos con respecto a los dominantes en el discurso crítico hegemónico. La historia del teatro no es sino, precisamente, la historia de discursos desplazados desde su posición de hegemonía. Los llamados "clásicos" son los textos salvados del desplazamiento por medio de su deshistorización o reutilización funcionalizada a los intereses estéticos o ideológicos de los nuevos discursos críticos hegemónicos. Por lo tanto, los ejemplos pueden provenir de cualquier momento de la historia del teatro, aunque es fácil concebir algunas modalidades como "realmente" desplazadas y otras desplazadas sólo parcialmente. Su estudio interesa tanto en las causas de su desplazamiento como en su permanencia en cuanto desplazado o los esfuerzos de algunos emisores del discurso crítico en determinados momentos históricos por actuali-

---

[12] El volumen editado por Klaus Portl, *Reflexiones sobre el Nuevo Teatro Español*, incluye declaraciones de muchos de los autores que se suelen considerar en este llamado "teatro independiente." Ver también Francisco Ruiz Ramón, *Historia del teatro español. Siglo XX. En Crónica de una marginación. Conversaciones con Alfonso Sastre* de Francisco Caudet hay valiosos materiales para entender este período, especialmente en las pp. 76 y siguientes.

zarlos. Tomemos el ejemplo de los llamados "clásicos." Nuestro primer supuesto es que la categoría de clásico no es esencial, inherente, a un texto sino que es una categoría histórica que le asigna el emisor del discurso crítico cuando ese texto es representativo de una modalidad, de un modo de existencia o de un modo de representación artística, significativa para el presente o para la interpretación de la historia del grupo social productor del discurso. Por lo tanto, tanto las categorías de clásico o desplazado son dos instancias posibles de un mismo texto o de una serie de textos. Junto con el análisis mismo de los textos, hay que analizar cuáles son los factores no textuales condicionantes o determinantes de estos estados. Los ejemplos citados de los intentos de representación de García Lorca y Valle Inclán poco después de la muerte de Franco, junto con la convicción de su valor estético y teatral, implicaba la reafirmación de los textos censurados por el sistema político en desgracia y la implícita continuidad con los tiempos de la República. Hace falta, realmente, un estudio diacrónico de las causas contextuales de la emergencia o desaparición de ciertos textos, autores o tendencias como las "representativas" o clásicas dentro del pasado teatral español o del pasado teatral latinoamericano. En el caso de España, por ejemplo, valdría la pena señalar que Calderón de la Barca no siempre fue considerado un clásico, que en parte su renacer emergió de los románticos alemanes.

En el caso de la España contemporánea, se ha dado el interesante fenómeno de que pese a los cambios políticos y las nuevas expectativas de los productores teatrales o del discurso crítico, no se ha producido en la práctica teatral cotidiana el desplazamiento de las modalidades del período inmediatamente anterior. Por el contrario, ha habido tendencia a continuar con los patrones realistas o variantes de los mismos, hasta el extremo que el "realismo" se ha constituido en la norma, a la cual seguir o desviarse. Por otro lado, aunque no es del caso discutir las razones históricas y culturales en este momento, el teatro español de los años cincuenta más innovador, en vez de volverse a las formas no realistas —tales como el surrealismo, el teatro del absurdo— recurrió a variantes del "realismo," especialmente en su versión norteamericana.

En América Latina, podría decirse que los llamados "innovadores" teatrales han logrado su propósito de imponer las formas no realistas como modelos para los "grandes textos" originando de este modo el desplazamiento de los modelos naturalistas y realistas a arqueología teatral o a utilizaciones teatrales de grupos sociales marginales. Los códigos estéticos del discurso crítico desplazan ciertos discursos que no consideran estéticamente satisfactorios, los que, a la vez, quedan destinados a ciertos sectores no pertenecientes a la elite culta. Este último es el caso del "melodrama" estudiado por María de la Luz Hurtado dentro del teatro chileno. Hurtado muestra cómo este discurso teatral marginal -en el caso que ella estudia— se integra en los discursos teatrales hegemónicos y actúa soterradamente en ellos.[13]

5.- *Discursos teatrales subyugados*

El discurso teatral subyugado viene a ser aquel al cual el poder prohibe o limita su existencia privada o pública. La subyugación de un discurso teatral puede ser tanto explícita como implícita. No creemos, sin embargo, que este estado se deba sólo a la existencia de sistemas dictadoriales de orden político, por cuanto los factores que justifican al poder para ejercer la subyugación teatral pueden sustentarse en una variedad de razones, las que varían de acuerdo con el sistema en el poder, la funcionalidad que se le asigna al teatro y los potenciales destinatarios de los mismos. La categoría de subyugado, naturalmente, es un estado transitorio, de acuerdo con su dependencia e independencia en relación al sistema en el poder. Aún más, un tipo de discurso subyugado en una circunstancia o espacio histórico no será necesariamente considerado como tal en otro.

El teatro político constituye una posibilidad de discurso subyugado tanto por razones fundadas en los códigos esteticistas de los practicantes del discurso crítico como por causa de los principios políticos o ideológicos discrepantes con los grupos en el poder político.

---

[13] Al justificar su tema de investigación, María de la Luz Hurtado se incorpora en la práctica al tipo de planteamiento de este ensayo: "Me interesa especialmente realizar este ejercicio en el campo de la dramaturgia chilena contemporánea, porque el discurso interpretativo existente exacerba con singular pasión el carácter rupturista del movimiento teatral universitario iniciado en 1941" ("El melodrama, género matriz en la dramaturgia chilena contemporánea: constantes y variaciones de su aproximación a la realidad." (121-122).

Los casos que emergen como evidentemente manifestaciones de discursos subyugados son aquellos que no fueron representados o no pudieron ser representados por la existencia de la censura. Como la censura es ejercida tanto por la extrema izquierda como por la extrema derecha es indiscutible que la gama ideológica de discursos subyugados puede ser realmente variada. Sin embargo, aun con la existencia de la censura los matices también son variados. Hay quienes han señalado, por ejemplo, que gran parte del llamado "teatro independiente" en España se encontró limitado por el control estatal. Por otra parte, no obstante, se ha observado que la censura apuntaba a ciertos aspectos de la vida política y que algunos de los textos en los años setenta ganaron premios teatrales y, aún más, algunos fueron elegidos para ser representados con aprobación oficial, pero fracasaron por falta de interés del público. Un caso diferente es el de Chile después de 1973. El gobierno militar establece la aprobación previa para los textos escritos. Es decir, todo texto por ser publicado debía ser aprobado por los organismos oficiales. Fenómeno que ha originado que, para muchos, el espacio de mayor libertad en la cultura nacional lo fue por muchos años el escenario teatral. Lo que que queremos indicar con estos ejemplos que, una vez más, no se trata de categorías esencialistas sino que históricas, en las cuales el historiador del teatro ha de considerar la multiplicidad de factores que dificultan o imposibilitan la representación de ciertos textos. El no entender este fenómeno contribuye a deformar la historia.

Además del fundamento político, en un sentido amplio y vago, en algunas ocasiones el fundamento para los poseedores del poder es de orden "moral," lo que justifica no sólo la censura sino que también la eliminación de formas o textos teatrales de la escena. Aunque dentro de esta línea, el caso de ejemplos es infinito, resulta interesante y sugestivo el contado, por ejemplo, por David William Foster al referirse a *Círculo vicioso* de José Agustín y la "Nota del autor" a la edición de la misma. Foster hace notar: "Tras tan inhóspita acogida por los zares de la cultura teatral en México, no es de sorprender que Agustín decidiese volver a la narrativa."[14] Más impresionante y reveladora es la "Nota del autor" en

---

[14] "El lenguaje coloquial como elemento constitutivo del teatro de la crueldad en *Círculo vicioso* de José Agustín, *Estudios sobre teatro mexicano contemporáneo* (New York: Peter Lang, Utah Studies in Literature and

la cual Agustín narra la oposición a la representación de su obra por el lenguaje obsceno y porque no daba una imagen positiva de la sociedad mexicana. Foster concluye:

> postulamos como síntesis de la función de la textura lingüística en *Círculo vicioso* —razón fundamental de su proscripción por los sectores de la cultura oficial en México — la violación del tabú: llamar a las cosas por su propio nombre, como si se tratase de la cosas más natural del mundo, se vuelve una forma de agresión al público en la medida en que lo obliga a escuchar lo indecible, a contemplar una realidad nacional que no se puede seguir evadiendo. (137)

Gran parte de los textos que aspiran a una utilización práctica inmediata, ya sea por confesión explícita de los autores o los productores o por los códigos empleados, tiende a ser eliminado de las historias del discurso crítico hegemónico. El único modo como se le permite pasar a formar parte de la historia, si esta posibilidad existe, es interpretarlo desde una perspectiva "universalista." Es decir, si los productores del discurso crítico hegemónico le asignan una validez general, más allá de la intencionalidad inicial o el mensaje originario es sustituido por un mensaje sin la connotación dentro del contexto inmediato de su producción. Nos hemos referido a este aspecto —desde una perspectiva diferente— al describir lo que hemos llamado la deshistorización y desideologización del discurso teatral.

*

Las pluralidad de categorías que proponemos pueden considerarse como una guía para la configuración de modelos. No constituyen casilleros fijos que hay que llenar en cada ocasión. Aún mas, al escribir la historia no es indispensable buscar la existencia de todas las categorías ni utilizar los nombres de las mismas. Consideramos que es importante ser específico en la descripción de las fuerzas en conflictividad. Los nombres asignados deben en lo posible hacer evidente la especificidad y la historicidad de los discursos descritos y el contexto de su producción. Como hemos apuntado, la historia tradicional es una historia de los textos desde el punto de vista de la ideología y el sistema de valores del escribidor de la historia. Nuestras categorías han de permitir incluir la variedad e invitar a considerar la existencia de textos que el egocentrismo del discurso crítico hegemónico no percibe o no ha permitido advertir.

***

Capítulo 7

MARGINALIDAD Y DISCURSOS TEATRALES MARGINALES

1.- *Importancia social y teatral de los discursos marginales*

La historicidad de las categorías propuestas, naturalmente, se refiere también a la evaluación o consideración de los discursos teatrales marginales por parte de los discursos hegemónicos. Las transformaciones experimentadas para la evaluación de los discursos teatrales marginales proviene predominantemente de las transformaciones de los intereses de los sectores productores de los discursos críticos hegemónicos.

En nuestro tiempo, por ejemplo, algunos estamentos sociales marginales han adquirido mayor importancia política como aliados o, en muchos casos, como utilizables por otros sectores para mantener el poder o tener acceso al mismo. Este fenómeno ha dado origen a un mayor interés en las producciones culturales asociables con los estamentos tradicionalmente marginales. En el caso del teatro latinoamericano, posiblemente el mayor esfuerzo contemporáneo por validar la existencia de los teatros marginales en función de destinatarios de los sectores sociales marginales ha sido el de Augusto Boal. Sus planteamientos corresponden a una variante del marxismo y a una ampliación, teatralmente, de los principios postulados por Brecht. Propone un modelo en el cual el teatro se pone al servicio de los sectores sociales que denomina "oprimidos." Desde este punto de vista implica una transformación radical de los sistemas de valores con los cuales juzgar un texto teatral, lo que conlleva un desplazamiento de perspectivas estéticas. El modelo de Boal, sin embargo, no es un modelo teórico para la descripción de los textos sino que apunta a la producción de textos teatrales como ensayos o ejercicios para provocar la revolución. Desde esta perspectiva enfatiza la importancia del destinatario y aspira a transformarlo en un participante activo del teatro, como anticipo de su activa participación en la transformación histórica.

Este cambio daría por resultado un ser social que dejaría de ser contemplador de la realidad y los problemas para llegar a ser un revolucionario acostumbrado a tomar parte en la acción, en las decisiones y en los senderos a seguir. Este teatro, dentro de las condiciones actuales de Hispanoamérica necesariamente se constituye en un teatro marginal.

Las transformaciones políticas en América Latina, el esfuerzo o las posibilidades de algunos grupos por formar parte de la historia de sus respectivos países o, de otros, por incorporarlos como aliados de sus propósitos políticos ha llevado, en diversas instancias y con distintos grados de éxito, a asignar importancia a los textos teatrales producidos por sectores de la marginalidad. La conciencia política de que es imposible conseguir la transformación social sin contar con la activa participación de los sectores marginales —campesinos, lumpen, proletariado, "desposeídos," etc— ha conducido a transformaciones tanto de las estructuras y prácticas teatrales como de las áreas de interés de los discursos críticos. El enorme interés despertado por el llamado "teatro colectivo" en gran parte proviene de su asociación con el rechazo del teatro "tradicional" de la burguesía y la dirección del mismo hacia otros sectores sociales.

Naturalmente la selección del grupo o los grupos marginales representativos de los intereses de los grupos productores ha variado en los distintos momentos históricos. El interés por los sectores obreros es un fenómeno de los últimos cientocincuenta años en el mundo de occidente y, en Hispanoamérica, sólo desde fines del siglo pasado y comienzos del presente, dependiendo de las zonas geográficas y el desarrollo del industrialismo en dichos espacios geográficos.

Las producciones teatrales producidas por los obreros y destinadas a los sectores obreros, por ejemplo, generalmente ha sido un discurso teatral marginal. No obstante, la valoración o reconocimiento de las mismas ha experimentado las variantes de apreciación en relación con los cambios de posiciones de los sectores productores del discurso crítico con los sectores obreros.

En el caso del teatro chileno, por ejemplo, el teatro obrero prácticamente no ha sido estudiado y, en muchos casos, ni siquiera registrado. Aún más, es difícil conseguir los textos, los que no han sido publicados o cuyas publicaciones en pequeñas tiradas por editoriales secundarias han, simplemente, desaparecido. Los críticos de orientación marxista en los años sesenta hicieron un esfuerzo por afirmar su existencia, validar su reconocimiento y estudio y asignarles una importancia mayor de lo que le habían concedido las historias tradicionales. Ejemplar en este sentido es el libro *Teatro chileno del siglo XX* de Orlando Rodríguez y Domingo Piga[1], quienes dedican un capítulo al "Teatro obrero y social" (26-49). Hay que observar, para empezar, que la fecha de publicación del mismo —1964— implica un instante crítico en las relaciones sociales chilenas y la disputa por el poder. La fecha de publicación coincide con la elección de Eduardo Frei, por lo tanto su redacción y publicación corresponden al final del período de Jorge Alessandri y la enconada campaña en que se opusieron Eduardo Frei, representante de la Democracia Cristiana, y Salvador Allende. Los dos autores pertenecían a los sectores de izquierda que apoyaban la candidatura de Salvador Allende. Por lo tanto, este trabajo calza dentro del reconocimiento necesario para la campaña de los sectores obreros en la historia nacional. Su publicación, sin embargo, no fue llevada a cabo por ninguna de las "grandes" editoriales nacionales. Por el contrario es una edición en papel pobre, de pocos ejemplares, por una editorial casi desconocida, y patrocinada por el Instituto del Teatro de la Universidad de Chile, en aquel tiempo reconocidamente de izquierda.

Rodríguez y Piga proponen que el nacimiento del teatro obrero se vincula con las transformaciones sociales en el país a fines del siglo pasado:

> En las dos últimas décadas del siglo pasado, las industrias extractivas se convierten en la principal fuente de riquezas para el país. En su torno, grandes masas asalariadas comienzan a conformar un nuevo estrato social: el proletariado. Y esta nueva clase en su enfrentamiento con el capital, buscará como es lógico, expresarse cultural, literaria, y por ende, teatralmente. A partir de aquel entonces también, surgen las formas primeras de asociación, las sociedades mutualistas, que cumplen una labor societaria en torno a ciertas necesidades, sin tener un contenido combatiente. Pero, en el campo cultural, crea formas de entretención y recreo; surgen

---

[1] Santiago: Publicaciones de la Escuela de Teatro, Universidad de Chile, Imprenta Lathrop, 1964

así las llamadas filarmónicas y los primeros conjuntos artísticos, que entre otras actividades cultivaron el teatro.(28)

Los mismos autores caracterizan brevemente los rasgos esenciales de estas formas teatrales:

> Dos necesidades llenaron los cuadros artísticos de comienzos de siglo; llevar la cultura a los sectores trabajadores y además, orientarlos ideológicamente. Debe tenerse en cuenta el alto porcentaje de analfabetismo que dominaba en la clase obrera en aquel entonces. Recordemos que la Ley de Enseñanza primaria obligatoria es una conquista de un año muy posterior. El teatro, entonces fue un vehículo de enseñanza más directo que el alfabeto. Y como así lo entendieron los luchadores sociales, Luis Emilio Recabarren hizo del teatro el doble vehículo necesario: Cultural e Ideológico. (29)

En los planteamientos implícitos en esta descripción encontramos una respuesta parcial a la pregunta sobre las causas de la marginación de estas producciones teatrales. Mientras el discurso crítico hegemónico de raíz europeizante postula como uno de los rasgos definidores de su código estético la "belleza" y "calidad" de un texto en su intransitividad, en el arte como plasmación no comprometida, estos textos aspiran a realizar una función práctica educativa. En consecuencia, en este caso, la marginalidad proviene tanto de la marginalidad de sus destinatarios como de la funcionalidad que se le asigna al arte. Los productores —los autores— pertenecen socialmente a los mismos sectores sociales del llamado "teatro burgués," la ideología, sin embargo, no corresponde a los intereses políticos de los productores de esas formas artísticas, tampoco la concepción del arte ni los códigos culturales.

Después de 1973, cuando el poder político marginó de la Universidad de Chile a un buen número profesores e investigadores asociados con la izquierda o el marxismo, las investigaciones sobre el teatro de los sectores marginales ha desaparecido de las publicaciones de la Universidad de Chile y se ha desplazado a otros grupos. Las investigaciones teatrales en Chile que se preocupan de los sectores marginales se han llevado a cabo en los últimos años en el Instituto del Teatro de la Universidad

Católica —reconocidamente opositora del gobierno actual— y del Centro de Investigación conocido como CENECA.

El grupo de investigación del CENECA llevó a cabo una serie de trabajos con los cuales, en la práctica, se ha realizado una completa innovación en la historia del teatro chileno. Algunas de las investigaciones se han centrado en los llamados teatros "populares." El volumen *Encuentro de teatro poblacional* preparado por Carlos Ochsenius es un buen ejemplo de esta nueva preocupación por estudiar textos con productores y destinatarios, por así decir, no tradicionales.[2] Interés que confirma nuestra tesis en cuanto a la selección de los grupos marginales de acuerdo con los intereses del grupo social al que pertenecen los investigadores. Los sectores "poblacionales" adquirieron enorme importancia política, siendo para algunos los centros más significativos de la resistencia al gobierno militar. Importancia puesta de manifiesto, además, por la dedicación de la Iglesia Católica hacia estos sectores, concentración, naturalmente, no exclusiva de la Iglesia católica en Chile sino del desplazamiento de los intereses de la Iglesia hacia estos grupos sociales en el Tercer Mundo.

Un ejemplo interesante es el *Teatro hispanoamericano de crítica social* de Pedro Bravo Elizondo. Su título sugiere el privilegiar un tipo de teatro marginal en cuanto los textos representarían una crítica a los sistemas de valores en el poder. La selección de los textos, desde el punto de vista que nos interesa en este escrito, en su mayor parte corresponde a formas valoradas por el discurso teatral hegemónico. En el fondo, la perspectiva del crítico en ese libro seguía siendo el sistema de códigos culturales estetizantes. Pedro Bravo-Elizondo, en gran parte, ha abandonado este criterio de selección y ha sido uno de los pocos críticos hispanoamericanos residiendo en Estados Unidos que ha privilegiado el estudio de discursos teatrales marginales, ya sea en su marginalidad estética —el caso del teatro de Juan Rivano— o en la marginalidad de los destinatarios.

---

[2] Ver María de la Luz Hurtado "El melodrama, género matriz en la dramaturgia chilena contemporánea; constantes y variaciones de su aproximación a la realidad," Carlos Oschsenius, *Encuentro de teatro poblacional* (Santiago, CENECA, 1982), y Juan Vera, "Aproximación al teatro poblacional" en la colección de documentos *Seminario. Teatro chileno de la década del 80* (Santiago: CENECA, 1980)

Una posición sugerente y de muchas consecuencias para el futuro de los estudios del teatro hispanoamericano es la de de Grínor Rojo en *Muerte y resurrección del teatro chileno. 1973-1983*.[3] Rojo, quien en su primer libro, *Orígenes del teatro hispanoamericano contemporáneo* (1972), prefería el modelo europeo —estructuralista y generacional— como instrumento de crítica y selección de textos, altera radicalmente su posición en el segundo libro. Transformación en la cual influye, creemos, tanta la evolución de los "métodos" de crítica literaria y la relativa e incipiente legitimización de discursos críticos sociológicos dentro del espacio académico norteamericano, como la experiencia personal. La radicalización de la vida política chilena contribuyó en gran parte a la radicalización política del discurso crítico nacional, especialmente entre aquellos obligados a residir y enseñar fuera del país. Consciente de las implicaciones ideológicas de los métodos literarios, proclama desenfadamente:

> No es el nuestro por lo tanto un trabajo objetivo en la acepción burguesa del término: aquella que sinonimiza el ejercicio de la objetividad a la marginación; al quedarse uno, el intelectual, en la vereda del frente y contemplando desde allí cómo las tropas repletan las calles. Pero el que nuestro libro se sustraiga a *esa clase* de objetividad no significa que carezca de aspiraciones científicas. (11)

Su posición representa un acto bastante arrojado en el espacio académico norteamericano al asumir con conciencia el compromiso de la actividad del discurso crítico como instrumento político y "ubicarse" en el lado de la marginalidad. Un paso aún más osado sería no aceptar la "cientificidad" ni la "objetividad" del discurso crítico y, por el contrario, afirmar el carácter ideologizado del mismo.

Desde una perspectiva distinta, Eva Golluscio de Montoya ha llevado a cabo sugerentes y fundamentadas investigaciones con respecto a formas teatrales destinadas a públicos marginales en Argentina, aunque producidos desde los fundamentos ideológicos de los sectores políticamente

---

[3] Madrid: Ediciones Michay, 1985. Obsérvese que esta editorial está asociada a la revista *Araucaria*, órgano del Partido Comunista.

hegemónicos.[4] Es más evidente esta transformación en el discurso teatral y en el discurso crítico cubanos después de 1960, en los cuales los sectores tradicionalmente marginales adquieren una primera importancia. Incorporación llevada a cabo, desde la perspectiva de la política oficial del gobierno cubano. Los textos teatrales con personajes obreros, por ejemplo, enfatizan la participación del partido comunista en la lucha del pueblo cubano.

2.- *El discurso teatral hispánico como discurso marginal*

El discurso teatral hispánico ha sido y es un discurso marginal desde la perspectiva de las historias del teatro de Occidente, marginalidad que se refiere a la producción teatral de textos hispánicos fuera de su espacio de origen y a la consideración de los mismos por parte de los discursos críticos hegemónicos. Cualquier mirada sobre las historias "universales" o generales del teatro evidencia la ausencia de referencias al teatro producido en Hispanoamérica y mención casi exclusiva de los llamados clásicos del teatro español de la Edad de Oro. La excepción moderna la constituye el teatro de García Lorca y, parcialmente, el de Fernando Arrabal. Creemos que el fenómeno debe advertirse en sus variantes históricas y geográficas. El teatro español ha experimentado instancias de hegemonía en ciertos momentos y en ciertos países o áreas geográficas. En cambio, en otros nunca ha sido reconocido o ha sido aceptado sólo por sectores marginales o minoritarios. El teatro latinoamericano nunca ha experimentado la aceptación relativa del español. Pese a la carencia de estudios en este sentido, creemos que la afirmación es válida. Osvaldo Obregón ha trabajado la presencia del teatro latinoamericano en Francia y ha mostrado un relativo interés en él, aunque no se han analizado las salas de espectáculos ni la clase de público que asiste a la representación de textos hispanoamericanos. Otro modo de examinar el problema sería analizar las traducciones hechas a los diferentes idiomas que, aunque no son indicios "teatrales" podrían mostrar ciertas posibilidades de interés en distintos espacios geográficos.

El teatro producido en España ha experimentado variantes, cuyas

---

[4] Ver Eva Golluscio de Montoya "Nemesio Trejo y los primeros saineteros criollos rioplatenses: proyecto de teatro nacional y programa de gobierno radical," ACTAS, Giessen, AELSAL, (1985): 210-223.

raíces o explicaciones sería necesario estudiar. Como es de todos sabido, el teatro español clásico fue reconocido como imitable o temáticamente utilizable por parte del teatro francés del siglo XVII, pensadores alemanes del siglo XIX se dedicaron intensamente a Calderón y varios importantes estudiosos de la misma nacionalidad se concentraron en Lope de Vega y, en general, en el teatro de la llamada Edad de Oro. Tal es el caso de Karl Vossler y Ludwing Pfandl. Esta presencia no se ha dado sólo en los críticos, sino que, además, en los productores teatrales, quienes, con frecuencia, han puesto en escena textos clásicos españoles.

Bien podría decirse que, con respecto a Hispanoamérica, el teatro español clásico durante largos períodos se ha constituido en parte del discurso teatral hegemónico, con diversos grados de presencia en los distintos países y en los diferentes momentos históricos. Por razones políticas, inmediatamente después de la Independencia la tendencia más frecuente fue al rechazo de lo español y la priviligización de los discursos teatrales franceses. A comienzos del siglo XX, en general, hay un regreso a lo teatral español. Algo similar sucede después de 1936, período en el cual numerosas compañías españolas viajan por América Latina, pese a que los textos divulgados fueron predominantemente las obras de Lorca que se transformaron en los más admirados por los renovadores del teatro latinoamericano. En todos los movimientos hispanoamericanos de "modernización" del siglo XX ha habido un retorno a los clásicos.

El caso de García Lorca presenta matices interesantes. Por una parte, satisfacía los intereses estéticos de las corrientes modernizantes y europeizantes en las nuevas corrientes teatrales hispanoamericanas. Su llamado "teatro poético" se asociaba con autores como T. S. Eliot o Jean Cocteau. Por otro lado, lo que corresponde al planteamiento de este capítulo, el nombre de Lorca se asoció a la izquierda española y, finalmente, su muerte le transformó en un símbolo de las víctimas del franquismo. La mayor parte de los intelectuales latinoamericanos optaron por el apoyo a la República. De este modo, tanto la poesía de Lorca como su teatro, además de sus elementos estéticos de prestigio, conllevó la aureola de la República. Lo que en Hispanoamérica resultó positivo para el teatro lorquiano, significó lo contrario en el ámbito español, determinando la ausencia de representaciones de sus obras.

La marginalidad del teatro español no es sino una acentuación de la marginalidad de la cultura hispánica por parte de los discursos teeóricos y críticos hegemónicos en Occidente. Fenómeno que tiene numerosos matices y que no ha sido suficientemente estudiado ni explorado. Un aspecto significativo en relación con la cultura inglesa es el antagonismo de Inglaterra y España desde el siglo XVI, lo que tendría que haber conducido necesariamente a la desvalorización o a la imposibilidad de la valoración del teatro español clásico por parte de los portadores y defensores de la cultura inglesa. Es difícil pensar en la aceptación del teatro clásico español proclamador y defensor de los valores católicos, monarquistas absolutos, del todo antagónicos a los sistemas de valores religiosos y políticos de la clase intelectual y social dominante en Inglaterra. El único modo posible de aceptarlo era desraízarlo de sus connotaciones ideológicas y nacionalistas.

Por otro lado, habría que examinar las razones históricas e ideológicas dominantes en ciertos sectores sociales de Alemania que dieron origen al interés por Calderón de la Barca en el siglo XIX y Lope de Vega en el siglo XX.

En síntesis, es evidente que el teatro español presenta variedades complejas en cuanto a su posición marginal en las tendencias teatrales europeas y en cuanto a su apreciación por los discursos críticos europeos.

Con respecto a América Latina, la marginalización del teatro se da aún dentro de la propia cultura hispanoamericana, aunque, en este caso, según algunos, ésta no vendría a ser sino una manifestación más de la actitud de los sectores "cultos" con respecto a toda la literatura hispanoamericana. M. J. Fenwick, por ejemplo, ha enfatizado la tendencia marginalizante de los sectores cultos latinoamericanos con respecto a los sectores marginales:[5]

> If we examine Latin American literature,..., we can see that not only has the literature of the oppressed majority class been excluded from participation in the national culture, but that the literature of the national bourgeoisie has taken a traditional second place to the literature of the dominant nations (which of course represented their respective ruling class). For more than four centuries the literature of Spain took precedence in Latin America over the national literature. Gradually the literature of France and

---

[5] M.J. Fenwick *Dependency Theory and Literary Analysis: Reflections on Vargas Llosas The Green House* (Minneapolis: Institute for the Study of Ideologies and Literature, 1981)

England became available to Latin American readers and gained a position of respect. And in the 20th century, North American literature has acquired importance in Latin American cultural and academic contexts. All these foreign literatures have been at the expense of national bourgeois literature which, although it did exist through the centuries of foreign domination, was never regarded with the same importance as was the foreign literature. (10)

Si aceptamos las hipótesis anteriores, nos encontramos una vez más con la necesidad de cuestionar la "historicidad" del fenómeno y suponer una discrepancia de sistema de valores estéticos entre el discurso crítico y el discurso literario o la utilización insatisfactoria de los códigos estéticos hegemónicos por parte de los discursos literarios hispanoamericanos. Para nuestro tema, sin embargo, es necesario indagar en lo específico del fenómeno con respecto a los textos teatrales.

En términos generales, consideramos que la aplicación de los códigos estéticos del discurso crítico hegemónico idealista o formalista dominantes hasta hace poco tiempo en América Latina o de los discursos críticos aplicados al teatro hispanoamericano ha conducido a una serie de consecuencias que, finalmente, resultan negativas para la posibilidad de lectura de los textos hispanoamericanos dentro de la propia contextualidad de la práctica discursiva teatral. Entre éstas se podrían nombrar algunas que hemos mencionado en otros capítulos de este libro y en ensayos anteriores: la descontextualización, desideologización, la pluralidad, prescindencia del destinatario, la validez del mensaje dentro de la situación comunicativa particularizada, etc. El hecho interesante desde este punto de vista es que el éxito o relativo éxito de la poesía lírica y la narrativa hispanoamericanas en ciertos momentos no se ha hecho extensivo necesariamente al teatro.

De este modo, el discurso teatral latinoamericano presenta un caso interesante porque debe ser considerado como un discurso marginal con respecto a los discursos teatrales producidos por los centros culturales de Europa y Estados Unidos, especialmente.[6] A su vez, sin embargo, se

---

[6] La afirmación de que el teatro hispanoamericano ha sido representado en diferentes partes del mundo no quita validez a esta hipótesis por cuanto esas representaciones tienden a ser para grupos minoritarios, muchas veces en

constituye por una serie de discursos catalogables dentro de lo marginal, lo subyugado o lo desplazado a los cuales el discurso crítico hegemónico dentro y fuera de América Latina, no les presta atención, los desvaloriza o, simplemente, los ignora.[7]

3.- Las marginaciones geográficas

Junto a la marginaciones fundadas o explicables sobre la base de los códigos estéticos o ideológicos del discurso teatral, se da el hecho de que hay zonas o áreas geográficas prácticamente no consideradas por el discurso crítico. Creemos, una vez más, que se hace necesario descifrar las causas de estas marginalizaciones.

En el caso del teatro latinoamericano, la primacía de ciertos sectores en el nivel internacional de los productores de discursos críticos ha dado origen al predominio o supervaloración de zonas geográficas o nacionales. Aunque bien podría considerase un fenómeno literario general, en el cual ciertos productos culturales aparecen aureolados con el prestigio que la tradición de Occidente les ha asignado, en este caso nos interesa el caso del teatro. Un ejemplo interesante —indicio a la vez de una tendencia general— fue el número 40 de CARAVELLE dedicado al teatro latinoamericano, en el cual prácticamente los estudios se centran sólo en Chile y Argentina. Este privilegiar proviene, entre otras razones, de la relativa abundancia de profesores e investigadores surgidos de las universidades de esos países y, en la actualidad, su acceso a las fuentes de poder cultural internacional, ya sea a través de su participación activa en congresos, cargos de cierta importancia en universidades europeas y norteamericanas o con vinculaciones a centros editores. El éxodo de sus propios países, en muchas ocasiones por razones políticas o económicas, y su asentamiento en centros de poder cultural —cuyas causas no es del

---

universidades—en el caso de Estados Unidos— o en festivales. Pocas veces obras teatrales hispanoamericanas han logrado un "triunfo teatral" en metrópolis teatrales.

[7] Un interesante y valioso conjunto de ensayos en los cuales se tocan algunos de los puntos aquí propuestos es · *América Latina en su literatura* con la coordinación e introducción de César Fernández Moreno, patrocinado por la UNESCO y editado por Siglo XXI, 1972, especialmente en la Primera Parte: "Una literatura en el mundo."

caso analizar en esta ocasión— ha permitido una especie de concentración de estudios sobre el teatro de unos pocos países. Dicho en otras palabras, no creemos que sea sólo el supuesto mérito artístico de los textos de los autores de estos países lo que los ha puesto en el primer plano del teatro hispanoamericano, sino que, junto al cumplimiento por parte de los textos de ciertos códigos estéticos internacionales, la posición o la actividad de los emisores del discurso crítico son factores relevantes o contribuyentes. Ligeramente diferente es el caso del teatro mexicano, el cual constituye el tercer país privilegiado por el discurso crítico sobre el teatro hispanoamericano.

Una de las consecuencias es que la producción teatral de ciertos países latinoamericanos ha sido poco estudiada. Generalmente esta ausencia se ha imputado a la falta de producción o a la falta de "calidad estética" de estas manifestaciones teatrales, sin considerar la multiplicidad de factores, entre otros los criterios y las causas del predominio de esos criterios dentro del proceso de "selección" de los textos que sustentan la historia del teatro hispanoamericano. En este caso la tradición, producida dentro de ciertos parámetros por individuos con intereses limitados, margina a amplios sectores sociales.

El teatro de Bolivia, República Dominicana, Ecuador, Guatemala, etc. aparecen casi no existentes. Las causas, no obstante, en muchas ocasiones son de orden práctico, económico, no literario ni teatral. Un aspecto, por ejemplo, es el poder difusor de las editoriales que publican los libros. El teatro de la República Dominicana casi carece de especialistas fuera del mismo país. Sólo recientemente ha aparecido una *Historia crítica del teatro de la República Domicana* de José Molinaza (Santo Domingo: Editora UASD, 1984, 2 tomos) que evidencia la enorme actividad teatral y los numerosos problemas de este teatro desde los tiempos de la colonia hasta lo contemporáneo. Algo semejante sucede con el teatro de Bolivia, por ejemplo, el cual ha sido historiado por libros publicados en la propia Bolivia por editoriales sin distribución internacional, con lo cual disminuye considerablemente su posibilidad de impacto transnacional.[8]

---

[8] Ver Teresa Gisbert, *Teatro virreinal en Bolivia* (La Paz: Dirección Nacional de Informaciones de la Presidencia de la Republica, 1962); W. Oscar Muñoz Cadima, *Teatro boliviano contemporáneo* (La Paz, Bolivia: Casa Municipal de la Cultura "Franz Tamayo," 1981); Mario T. Soria, *Teatro boliviano en el siglo XX* (La Paz: Editorial Casa Municipal de la Cultura "Franz Tamayo," 1980)

4.- Los personajes de los espacios marginales en el discurso teatral hegemónico

No deben ser considerados como formas de teatro marginal aquellos textos que incorporan personajes de los sectores marginales sin el sustento de un sistema de valores estéticos o ideológicos de la marginalidad. Hay numerosos textos latinoamericanos cuyos protagonistas o personajes secundarios parecen identificarse con el lumpen o lo marginal social. Estos personajes no se constituyen en representativos de los sectores marginales sino que son representación de los marginales desde la interpretación y los intereses de los sectores hegemónicos.

La aparición, desaparición o los modos de representación de ciertos tipos humanos como referentes de personajes literarios no se explica exclusivamente sobre la base de factores artísticos. Por el contrario, la selección de agonistas y antagonistas se vincula ideológicamente con el sistema de valores del grupo productor del discurso teatral y el destinatario del mismo.[9] Desde esta perspectiva resulta sumamente sugerente para la visión del mundo del texto y su remisión al productor la presencia o ausencia de personajes de los sectores marginales.

Barranca abajo de Florencio Sánchez no es un texto portador del sistema de valores del campesino o del dueño de la tierra venidos a menos, sino que esa "lectura" del hombre del campo corresponde a un mensaje ideológico significativo de acuerdo con los valores de los grupos medios ascendentes en el poder político y cultural de la Argentina de la época. Dentro de esta categoría calza la mayor parte de los textos "clásicos" que tienen como protagonistas a campesinos o personajes del proletariado.

Dentro de esta línea de presencias y ausencias, es notable la ausencia de negros dentro del teatro hispanoamericano y su modo de representación en las escasas oportunidades en que aparece. Robert J. Morris y Lee A. Daniel ya hace algunos años hicieron una breve presentación panorámica del tema y vale la pena destacar algunas de sus observaciones

---

[9] En cada circunstancia histórica se actualizan una serie de factores mediatizadores cuyo diverso grado de incidencia deben considerarse. Estos factores pueden referirse tanto al autor, por ejemplo, como al grupo teatral que ha de representar el texto, el barrio de la escenificación, el prestigio de un actor, algún acontecimiento político, o los autores de moda.

en relación con las propuestas de este capítulo.[10] Desde el punto de vista ideológico y político, al parecer este sector social no ha representado una fuerza política significativa para los sectores productores del discurso teatral hegemónico. Consecuentemente, el resultado es su ausencia como personajes o su representación tipificada y cómica. Dentro de la escasa producción que los acoge como personajes los autores del ensayo mencionado se refieren al caso del teatro bufo cubano, que vendría a constituirse en una excepción.[11]

Un caso interesante, representativo de toda una tendencia del teatro contemporáneo, y que crea numerosos problemas es el de algunos textos de Fernando Arrabal en España, ya que también incorporan personajes de sectores marginales.[12] El excelente análisis de Angel Berenguer de *El triciclo*, por ejemplo, enfatiza el carácter de "marginal" de los personajes: "*El triciclo* cuenta la historia ("suceso") de un asesinato cometido por unos individuos marginales en la persona de un ciudadano para robarle, y el proceso de su detención. Se supone que el castigo previsto, la muerte, será ejecutado y, por ello, los asesinos reparten sus ridículos bienes entre sus compañeros también marginales." (87-88) Berenguer tiende a identificar marginalidad con exilio al señalar en la nota 11: "por lo que hay en ella de manifestación de la marginalidad y, en realidad, de exilio con respecto a un sistema que el personaje no comprende o no puede identificarse." (89) Sin embargo, desde nuestro punto de vista no corresponde a un discurso teatral marginal. Podría considerarse marginal en cuanto al autor como marginal al poder político o cultural dominante en España por muchos años o por su rechazo por parte del público teatral

---

[10] Robert J. Morris y Lee A. Daniel, " The Black in the Hispanic American Theater," *The American Hispanist* (March, 1976): 4-6.

[11] Sobre este tema, ver Fernando Ortiz. *Los bailes y el teatro de los negros en el folklore de Cuba* (La Habana, Cuba: Editorial Letras Cubanas, 1985)

[12] Una de las primeras ediciones de Arrabal, *El hombre pánico. El cementerio de automóviles. Ciugrena. Los dos verdugos* (Madrid: Taurus Ediciones, 1965) tiene el valor de incluir las declaraciones teóricas de Arrabal, especialmente su concepción del teatro pánico y del hombre pánico. En inglés hay un buen libro general de Thomas John Donahue, *The Theater of Fernando Arrabal* (New York: The Gotham Library, 1980) Para nuestro interés en este capítulo es importante el prólogo de Angel Berenguer para su edición de *Picnic. El Triciclo. El Laberinto* (Madrid: Cátedra, 1983)

mayoritario de España. El teatro de Arrabal, sin embargo, aspira a satisfacer los intereses y los códigos estéticos de una vasta mayoría de practicantes del discurso crítico internacional que sustenta la novedad técnica, la crítica social, la utilización de códigos teatrales franceses como los definidores de la "modernidad teatral." Desde este punto de vista, podría considerarse este tipo de teatro como marginal al poder teatral español, pero no marginal para el discurso crítico internacional. Por otra parte, los personajes no son representantes de los sistemas de valores de los sectores sociales marginales sino que son portadores de los valores antitéticos del sistema que el "exiliado" —el autor— del grupo en el poder critica a éste.

Esta observación nos hace volver a la afirmación de que los personajes marginales dentro del teatro hegemónico tienden a representar los sistemas de valores de los productores del teatro y no realmente a los sectores sociales marginales.[13]

---

[13] En el Capítulo 8 de *Ideología y discurso crítico*... analizo este aspecto en su proyección al teatro chileno de los años 60. Ver también mi ensayo "Los marginados como personajes: Teatro chileno de la década de los sesenta." *Latin American Theater Review*, (Spring, 1986): 85-95.

Capítulo 8

UN MODELO DE PERIODIZACION
PARA LA HISTORIA DEL TEATRO LATINOAMERICANO

1.- El espectador en las historias del teatro hispánico

Como hemos indicado en el capítulo inicial, hay que hacer notar que en las historias del teatro hispánico que circulan generalmente no hay o hay poca consideración de aspectos tales como el destinatario potencial de los textos teatrales, el público real, los teatros en que las obras han sido representadas, la interrelación ideológica entre el productor de los textos y sus potenciales destinatarios. Aceptar este postulado significa reconsiderar la historia del teatro hispánico.[1]

Esto no quiere decir que no haya referencias en dichas historias al público. Por el contrario, tanto los críticos como los autores han apuntado a la importancia del público o han postulado que los rasgos de las obras se explican por el público, como hemos comentado en varias ocasiones en este libro. Las observaciones van desde las afirmaciones de Lope de Vega en el *Arte nuevo de hacer comedias en este tiempo*, en el cual, según su autor, todas las características de la "comedia" se justifican en función del "vulgo."

Díez Borque, por ejemplo, hace notar: "El teatro será la forma privilegiada de esta literatura dirigida al *gran público* y en cuanto tal se impondrá como misión fundamental la defensa de los valores de la monarquía, exaltando hasta la deformación mítica los atributos y funciones del Rey, tal y como corresponde a una literatura de propaganda

---

[1] Entre los muchos estudios necesarios para una investigación cabal del teatro latinoamericano faltan aquellos referentes a los espectadores o el público teatral, tanto en el pasado como en el presente, especialmente estudios de carácter empírico. Un interesante y sugestivo trabajo es el de María de la Luz Hurtado y María Elena Moreno, *El público del teatro independiente* (Santiago: CENECA, 1982)

política." (*Sociología de la comedia española del siglo XVII,* 140) En otras ocasiones, los críticos "interpretan" la totalidad de la producción teatral de un autor sobre la base del condicionamiento provocado por la clase de público para el cual escribía. Este es el caso que intenta mostrar José Monleón al referirse a Jacinto Benavente:[2]

> Porque Benavente es un eco de la burguesía española, y a través de él —incluso de los ataques que, a modo de penitencia y exámenes de conciencia, dirige a los suyos— encuentra en esta clase su ideario. Seguir los pasos de Benavente es tanto como ir develando el pensamiento rector de una larga etapa de la historia de España; es seguir las componendas y contradicciones de una moral y un sistema económico; es, en definitiva, contemplar el drama de un escritor protegido por una clase, rebelde en un momento de su vida, y obligado a volver al redil haciendo de su inconformismo una simple estética de la admonición. (165)

Lo que no ha sido hecho, a nuestro juicio, es el estudio del espectador real ni la consideración sistemática del mismo como elemento significante o condicionante de un modelo de periodización

2.– *Teoría de la recepción e historia del teatro*

Toda propuesta de un sistema de periodización para la historia del teatro debo tomar en cuenta que la funcionalidad de lo teatral apunta predominantemente a una comunicación significativa y activa para un público relativamente definido. Esta es precisamente la tendencia de un sector de los teóricos insertos en la llamada teoría de la recepción, en la cual se produce un desplazamiento del interés desde el productor —el "autor" en la tradición— hacia el destinatario.[3] Si, a la vez, aceptamos —como hemos indicado previamente— que todo acto comunicativo adquiere la plenitud de su significado dentro de contexto, el mensaje comunica-

---

[2] José Monleón. *El teatro del 98 frente a la sociedad española* (Madrid: Ediciones Cátedra, 1975)

[3] Fernando de Toro, *Semiótica del teatro,* dedicó un capítulo a la teoría de la recepción e incorporó algunos elementos a su modelo de historia del teatro.

do en una representación teatral tiene su significación mayor dentro del contexto de esa tríada particularizada.

Estas últimas observaciones nos conducen de lleno a algunas variantes de las teorías sobre el receptor o el destinatario del acto lingüístico que enfatizan la particularización del espectador teatral como fundamento para el modelo de periodización que queremos proponer. Las recientes teorías de la recepción, por ejemplo, postulan la necesidad de rechazar la concepción de un lector o receptor ahistórico y la imprescindibilidad de concebirlo en un espacio real, dentro de una cultura, una sociedad y una historia.

Marco de Marinis ha proyectado algunas de las ideas de la teoría de la recepción al teatro. A este propósito ha indicado:[4]

> It means conceiving theatrical reception in a way which is closer to an aesthetic experience involving many other experiences besides the central hermeneutic experience. It means taking reception from the a–temporal and a–historical island where some want it to be confined, and bringing it back to its only real place: *within a culture, hence within society and history*. It is inevitable that the spectator goes to the theater with his/her culture (in an anthropological sense) and knowledge, and that he/she watches the performance through the conceptual and linguistic grid provided by his/her encyclopedia. (15)

La frase "within a culture" establece la prioridad de los códigos ideológicos y culturales del receptor en el momento de la producción como un importante componente de la producción de su significado. Los planteamientos de este capítulo —en cuanto utilización de la teoría de la recepción a la historia del teatro—[5] suponen un desplazamiento de

---

[4] "Theatrical Comprehension: A Socio-Semiotic Approach," *Theater* (Winter 1983): 12-17.

[5] Sobre teoría de la recepción, en general veáse Robert C. Holub. *Reception Theory. A Critical Introduction* (London-New York: Methuen, 1984. Incluye una excelente bibliografía. Con respecto a la teoría de la recepción y el teatro, ver Patrice Pavis, *Languages of the Stage* (New York: Performing Arts Publications, 1982), en especial la sección II "Reception of Text and Performance," y Marco de Marinis, *Semiotica del teatro.L'analisi testuale dello spettacolo*

perspectiva para la configuración de un modelo de historia literaria. Los términos utilizados, sin embargo, ofrecen una serie de posibilidades de significación y combinación, cada una de las cuales conduce en direcciones y resultados diferenciados. Se hace necesario, en consecuencia, acotar previamente el marco en que nos vamos a insertar. Delimitación que, a la vez, supone una toma de posición teórica desde la cual se puede criticar o cuestionar el planteamiento.

Entendemos "historia" —tal vez el término menos conflictivo— como el establecimiento de un modelo de periodización o una serie de categorías que permitan catalogar los textos teatrales producidos a lo largo de un período. La segunda distinción necesaria se refiere a lo que parece una opción indispensable en los estudios recientes sobre teoría del teatro: el "texto teatral" en cuanto texto representado o en cuanto texto dramático. Si se opta por la primera posibilidad, hay que eliminar de la selección aquellos textos no representados o representados sólo fuera del espacio hispánico y, a la vez, considerar todos o gran parte de los elementos constitutivos de la representación teatral, tales como salas de espectáculo, actores, directores, luces, etc. Si elegimos el segundo camino, hay que marginar de los factores por considerar aquellos componentes del objeto, precisamente, que son parte de la representación teatral y, lo que más importa dentro de los planteamientos de la teoría de la recepción, el destinatario. En cuanto a "recepción," si la elección se refiere a los textos dramáticos, el "receptor" es un lector, ya sea éste real, potencial o ideal. Si optamos por "teatro representado," el "receptor" viene ser un "espectador," y, en nuestro caso, el espectador hispánico en determinadas circunstancias. Disyuntiva que da origen a dos orientaciones de investigación radicalmente diferentes y a resultados posibles prácticamente incomparables.

Los numerosos estudios recientes acerca de la teoría de la recepción y el teatro evidencian que el problema es aún más complejo porque para una historia del teatro concebido como representación el concepto de "recepción" exige una serie de pulimientos o determinaciones a priori, simplemente como parte del problema: ¿se habla de recepción por parte del espectador real en representaciones reales?, ¿se habla de las reaccio-

---

(Milan: Bompani, 1982) y "Problemas de semiótica teatral: la relación espectáculo-espectador" (*GESTOS*, 1, abril, 1986: 11- 24)

nes psicológicas o emotivas del espectador real?[6] ¿estamos hablando de cómo han sido recibidas las obras teatrales representadas en el pasado? Vamos a establecer como presupuestos básicos los siguientes:

1) El modelo deberá desplazar el énfasis desde la producción del texto a su destinatario.
2) No es posible aislar el receptor o destinatario de su ser parte de un proceso de comunicación: la comunicación teatral y su especificidad. De este modo, el destinatario tiene que ser pensado en relación con el productor de significado, el producto —el texto— y la contextualidad del acto comunicativo.[7]
3) El modelo debe incluir tanto textos representados como textos no representados.
4) El modelo debe dar cuenta tanto de los textos del pasado como del presente y del futuro.
5) El modelo debe dar cuenta de la diversidad de la producción teatral y dramática producida en América Latina.
6) El modelo debe dar cuenta tanto del sustrato ideológico como de los códigos estéticos y teatrales conformadores del texto.

Dentro de los planteamientos es importante observar la sustitución del término "receptor" por "destinatario" y sus consecuencias. "Receptor" conlleva una dimensión pasiva en cuanto al acto de producción de significados, pero activa en lo que se refiere a la descodificación del mensaje y los códigos utilizados en el texto. "Destinatario," en cambio, supone el interlocutor potencial, el cual está implícitamente presente en el acto de producción de significados que es la producción del texto dramático o teatral.

---

[6] Son valiosos los estudios referidos a la experiencia fisiológica de los espectadores. Ver, por ejemplo, Tim Fitzpatrick "Models of Visual and Auditory Interaction in Performance," *Gestos*, año 5, N° 9 (Abril 1990): 9-22

[7] Desde esta perspectiva, sería muy útil aplicar a la "interpretación" del teatro los planteamientos de Daniel Prieto Castillo, *Discurso autoritario y comunicación alternativa* (México: Premiá Editora, 1984). Hace notar, por ejemplo: "Todo proceso de comunicación está inserto en una formación social, entendiendo por ésta los modos de producción específicos y las relaciones sociales e producción, a que dan lugar en un determinado país." (26)

3.– El punto de partida: los textos

La falta de investigaciones tanto teóricas como prácticas con respecto al receptor teatral o las condiciones de las representaciones teatrales en América Latina o España, no sólo en el pasado sino que también en el presente, hace imposible iniciar la investigación en el plano de la práctica teatral y de los espectadores reales. En muchos casos, el único objeto para la reconstrucción que tenemos es una pluralidad de textos dramáticos con unas pocas referencias, a veces, a las condiciones de su representación. En otros, no se sabe si han sido representados o cuáles fueron las condiciones materiales o políticas de esa representación. Es imposible esperar los resultados de las investigaciones en torno a los elementos o configurantes del hecho teatral, incluyendo el espectador real, la clase social de la compañía que la puso en escena, el recinto en que se llevó a cabo, etc. Aunque se obtuviese alguna información en este sentido difícilmente sería lo suficientemente integradora y completa para reconstruir la representación teatral del pasado como hecho teatral.

Desde un punto de vista teórico, este planteamiento se asocia con la Tesis 4 de Hans Robert Jauss, quien afirma:[8] "The reconstruction of the horizon of expectations, in the face of which a work was created and received in the past, enables one on the other hand to pose questions that the text gave an answer to, and thereby to discover how the contemporary reader could have viewed and understood the work." (28) Por lo tanto, la estrategia ha de ser partir del análisis de los textos en sí, como signos deícticos. Sobre la base de este análisis, creemos, es factible configurar, "construir," el destinatario potencial de los mismos. Es el texto dramático el que nos puede servir de indicio de los receptores potenciales. El carácter de texto "marcado" por su tiempo y la contextualidad teatral ha sido señalado, por ejemplo:

> Un texto teatral es un enunciado que lleva inscritas las condiciones específicas de su enunciación: quién habla, a quién, dónde, cuándo, etc. O, dicho de otro modo, un discurso que organiza situaciones y posiciones discursivas a partir de los códigos de la teatrali-

---

[8] Ver "Literary History as a Challenge to Literary Theory." Citamos por la edición *Toward an Aesthetic of Reception* (Minneapolis: University of Minnesota Press, 1982)

dad vigente. Por lo tanto, cualquier texto puede llegar a ser teatral si su enunciación se articula de acuerdo con tales códigos, ya que la teatralidad es menos un conjunto de rasgos implícitos en una obra, inherentes a un mensaje verbal, que un consenso socio-cultural establecido convencionalmente sobre determinadas producciones literarias.[9]

En síntesis, quiero proponer un modelo de periodización de la historia del teatro hispánico que tome como en consideración al destinatario, el cual será una "construcción," un producto configurado sobre la base de las señales en los textos conservados. Esta estrategia metodológica, esencial para los postulados siguientes, implica recordar e insistir en conceptos como contextualidad teatral u horizonte de expectativas.

Hemos apuntado que todo discurso teatral –como toda actividad discursiva– es un acto de producción de significados. Por lo tanto se hace imprescindible tomar en cuenta el contexto de la producción del discurso. A este propósito Fernando de Toro menciona un aspecto que se vincula directamente con nuestros planteamientos: "Todos estos factores que integran el contexto social están determinados por el *contexto de producción*, esto es, el contexto que determina la producción de cierto tipo de mensajes y textos en cierto momento y no en otro."[10] Hemos afirmado que todo texto teatral implica una utilización de un sistema de códigos culturales, ideológicos y teatrales funcionalmente integrados para comunicar un mensaje significativo con el fin de transmitir un modelo del mundo coherente y verosímil a un determinado receptor o destinatario. La cita que Patrice Pavis hace de Warning resume bien un aspecto esencial: "every reception is defined initially as a confrontation between the receiver and a model of reality which, however mediate it may be, constitutes for him a model of his historical situation."[11] A la vez, el mensaje es codificado de acuerdo con los códigos teatrales, ideológicos

---

[9] José Sanchis Sinisterra, "Problemas de la teatralidad," *Revista Universidad de Antioquía* LIV, 206 (Octubre/ Diciembre 1986): 103

[10] "Reflexiones para la historia literaria," 114

[11] Rainer Warning, "Pour une pragmatique du discourse fictionnel," *Poétique*, 39 (September): 327, cit. por Pavis *Languages of the Stage*, 77.

y políticos que constituyen el horizonte de espectativas del destinatario o receptor potencial, dentro del contexto histórico y social, a diversos niveles, del acto de producción del texto. Desde una paerspectiva diferente, Terry Eagleton ha hecho notar la importancia del modo de producción como conformador del texto al apuntar que LMP ("literary mode of production") es un constituyente significativo del producto literario en sí: "If LMP are historically extrinsic to particular texts, they are equally internal to them: the literary text bears the impress of its historical mode of production as surely as any product secretes in its form and materials the fashion of its making."[12] Aunque esta interrelación entre ideología y texto teatral será ligeramente reformulada en las páginas siguientes, la validez de la afirmación general es innegable dentro de la propuesta de este libro.

A este propósito Patrice Pavis ha apuntado una serie de ideas que se vinculan con lo propuesto en éste y en los párrafos siguientes: "At the very most, by reinserting the work in its historical context, we might be able to approach this horizon at the approximate moment of its creation and entry into literary tradition and the ideological ambiance of its time.[13]

Por otra parte, el cambio del espectador potencial ha de forzar al productor del texto a transformar los constituyentes del texto para satisfacer o funcionar dialécticamente con la transformación del horizonte de expectativas del destinatario. Este cambio origina un cambio en los códigos estéticos, culturales, ideológicos o teatrales con los cuales se construye el texto.

El análisis del texto debe estar orientado, entonces, a descifrar sus constituyentes en función de la construcción del horizonte de expectativas que sirvió de marco de referencia a su producción. A través del análisis del texto podemos construir el horizonte de expectativas del público potencial del texto teatral. Esta "reconstrucción" ha de permitir postular un modelo de historia del teatro, en el cual se considere como factor constitutivo al destinatario potencial o real de los textos teatrales.

Con respecto a "productor" o "destinatario," en cuanto entidades colectivas, no entendemos estos grupos como predeterminados, y es-

---

[12] *Criticism and Ideology* (London: Verso, 1980) 48

[13] "The Aesthetics of reception: variations on a few relationships," *Languages of the Stage,* 76

táticos, ya sea por clases sociales u otros factores generales. Por el contrario, nos parece que su descripción debe ser histórica y ha de implicar necesariamente su dinamismo y la interrelación dialéctica entre los varios grupos productores y receptores de teatro en una determinada instancia histórica. Los grupos humanos conformadores de categorías de productores o espectadores potenciales no están condicionados por el nacimiento o el origen social, sino por una combinación de factores, entre los cuales figuran en un lugar preeminente los instrumentos de cultura o de adoctrinamiento cultural como factores condicionantes de primera importancia.[14] Tanto los grupos productores como los grupos potencialmente receptores de los textos teatrales han ido cambiando en América Latina de acuerdo con las transformaciones históricas. Posiblemente, el primer teatro hispánico en América Latina fue el producido por los sacerdotes, cuyo destinatario no era el español, culto o inculto, de la época sino que los indígenas. El teatro de los Franciscanos constituía en ese momento histórico el discurso teatral hegemónico dirigido a un sector social culturalmente marginal.[15] Los textos teatrales de los comienzos de la Independencia, en cambio, son producidos por los sectores "liberales" cultos y dirigidos a individuos del mismo grupo social y cultural.

4.– *Las categorías fundamentales*

La instancia inicial del planteamiento es establecer las categorías fundamentales, las que vendrían a constituir tanto las unidades básicas del modelo como áreas específicas de investigación. Todas las categorías deben incluir la interrelación entre los tres componentes del proceso comunicativo. El punto de referencia del modelo lo constituye la categoría que denominamos *sistema.*

El *sistema* lo forma un tipo de discurso teatral o un conjunto de tipos de discursos teatrales producidos por grupo social o cultural productor

---

[14] Nos referimos especialmente a lo que Terry Eagleton incluye como el aparato ideológico funcionando en una determinada sociedad, entre los cuales las instituciones de enseñanza o de divulgación cultural cumplen una importante función. Ver especialmente *Criticism and Ideology.*

[15] Sobre este tema ver Othón Arróniz. *Teatro de evangelización en Nueva España.* México: Universidad Nacional Autónoma, 1979

del discursos. El productor individual —"autor"— o colectivo —grupos teatrales— pertenece a un determinado sector social ideológica y culturalmente definible dentro de una estructura social.

Las categorías propuestas son las siguientes:

a) El *subsistema* es el conjunto de variantes de discursos teatrales provenientes de un grupo social —sistema— de acuerdo con los desplazamientos del destinatario del discurso. Por lo tanto, un mismo tipo de productor da origen a subsistemas de acuerdo con sus variantes en el destinatario. Cada sistema puede constituirse por varios subsistemas.
b) El *macrosistema* se constituye por el conjunto integrado de los sistemas y subsistemas funcionando interrelacionadamente en un determinado momento histórico, es decir, es la percepcióm sincrónica de la multiplicidad de sistemas y subsistemas.
c) El *megasistema* es el conjunto integrado e interrelacionado de desplazamientos o sustituciones de macrosistemas percibidos diacrónicamente, como proceso histórico.

Con el fin de evitar confusiones con respecto a nociones tradicionales dentro de las historias del teatro hispánico optamos por establecer el concepto de *enmarcado teatral*. Lo separamos de las categorías anteriores por cuanto no se sustenta en una interrelación con respecto al destinatario o el productor: se constituyen por un conjunto de procedimientos o códigos teatrales, los que pueden ser utilizados indistintamente por cualquier sistema o subsistema y pueden ser instrumentos ideológicos de distintos tipos de productores, pese a que algunos se asocian predominantemente con ciertos grupos culturales o ciertas tendencias ideológicas. Incluimos en esta categoría los conceptos tradicionales como "teatro del absurdo," "teatro épico," "teatro surrealista." Por ejemplo, se ha tendido a asociar el enmarcado "teatro épico" con corrientes ideológicas marxistas, tanto por su origen como por sus posibilidades de utilización política del mismo. Los procedimientos del teatro épico bien pueden ser instrumentalizados por otras corrientes ideológicas para fines didácticos semejantes, aunque el resultado ideológico sea diferente. A la vez, no sería difícil observar cómo otros "enmarcados teatrales" recurren a procedimientos generalmente privilegiados por el "enmarcado" teatro épico.[16] De este modo, la utilización de un enmarcado puede darse dentro de ideologías diferentes, aun discrepantes. Estas "escuelas," —"enmarcados teatrales," dentro de nuestra nominación— pueden ser utilizadas por cualquiera de los emisores teatrales y dirigidas a cualquiera de los potenciales espectadores. Por ejemplo, la coexistencia del llamado "teatro del absurdo" y el "teatro épico" a mediados de los sesenta en América Latina: ambos corresponden a escuelas estéticas europeizantes que tienden a satisfacer los códigos estéticos de los sectores medios cultos, inclinados a identificar "lo culto" con lo producido en Europa. Los procedimientos del teatro épico eran utilizados principalmente por productores de izquierda buscando crear conciencia social crítica por parte de los espectadores hacia las condiciones sociales y sus efectos en los seres humanos como grupos. El teatro del absurdo, en cambio, fue utilizado por productores teatrales de los mismos sectores culturales, pero cuya intencionalidad era provocar en estos sectores de espectadores una revelación de los males de la sociedad en cuanto aniquilantes del individuo y sus consecuencias. Posteriormente algunos de sus procedimientos han pasado a formar parte de los códigos teatrales sin necesaria connotación ideológica.

5.– El funcionamiento de las categorías

Las variantes ideológicas de los productores no representan necesariamente variantes de códigos teatrales. Sin embargo, el análisis integral de la posición ideológica en combinación con los otros constituyentes del texto conforma un elemento significativo del horizonte de expectativas que puede permitir configurar el destinatario potencial.

El modelo implica que se hace necesario analizar el sistema en relación con los subsistemas que lo constituyen en diversas instancias históricas. La selección de cierto tipo de destinatario por parte de un productor teatral es significativo de los intereses ideológicos del productor y la importancia del grupo social representado en el destinatario

---

[16] Sobre el teatro épico en América latina ver Fernando de Toro, *Brecht en el teatro hispanoamericano contemporáneo: acercamiento semiótico al teatro épico en Hispanoamérica* (Girol Books: Ottawa, 1984). Hay una segunda edición argentina en Ediciones Galerna, 1987

para los fines del productor.[17] Los cambios de destinatario —sustitución de subsistemas— indican las transformaciones de los intereses, códigos teatrales y culturales de los productores.

También es imprescindible el análisis diacrónico de un sistema, en el cual lo importante vendría de la caracterización de sí mismo por parte del grupo productor, de los grupos a los cuales ha elegido dirigirse y las variantes de mensajes y procedimientos teatrales utilizados en cada uno de los casos.

6.– *El funcionamiento del modelo.*

Frente a la imposibilidad de llevar a cabo en este libro la proyección de este modelo a la historia del teatro español o del teatro hispanoamericano en su totalidad —lo que representaría escribir las historias respectivas— propondremos a modo de ejemplo un esquema de un macrosistema y sus posibilidades dentro del teatro hispanoamericano contemporáneo.

Consideraremos como el sistema referencial, los discursos teatrales producidos predominantemente por los sectores medios cultos urbanos. De acuerdo con nuestra tipología, incluimos en este sistema los discursos teatrales de productores culturalmente hegemónicos (SPH). Los discursos teatrales producidos por sectores culturalmente marginales conformarán la serie del sistema o de los sistemas de los productores marginales (SPM).

El *sistema SPH* estaría formado, por lo menos, por dos subsistemas:
SPH——> DH: un subsistema destinado a los sectores culturalmente hegemónicos
SPH——>DM: un subsistema dirigido a sectores culturalmente marginales.

El *sistema SPM*, dentro del mismo esquema ordenador, estaría formado, por lo menos, por dos subsistemas:
SPM——> DM: el destinado a sectores marginales, coincidentes

---

[17] En el caso de Chile, he desarrollado este aspecto en: "Discurso crítico y discurso teatral: el caso de Chile." *Anales de la Universidad de Chile, Estudios en honor de Rodolfo Oroz.* Quinta Serie, 5 (Agosto, 1984): 317-336

                    o no con el sector marginal productor del discurso
SPM——> DM: el destinados a sectores culturalmente hegemónicos

La realidad, sin embargo, muestra que generalmente el esquema es más rico y la pluralidad de tipos de discursos exige una mayor flexibilidad, partiendo del esquema inicial propuesto. Dentro de cada una de estas categorías se pueden dar variantes de acuerdo con la variedad de los grupos culturales que constituyen los destinatarios, las transformaciones históricas y sociales, la utilización del teatro por parte del poder o los poderes culturales.

Si tomamos como ejemplo el caso del teatro latinoamericano contemporáneo y enfatizamos la relación productor-destinatario, podemos proponer un esquema ligeramente más complejo, detallado y flexible. Una vez más, insisto que los nombres asignados a las categorías son orientadoras, guías, pero que en su aplicación concreta del modelo es indispensable historizarlas identificando específicamente los productores y destinatarios o denominándolas de modo que pongan de manifiesto su especificidad contextualizada.

Dentro del SPH—> DH, podrían considerarse una diversidad de destinatarios, estableciendo subsistemas teatrales, tales como:

SSPH——> DH1:   universitarios, etc.
SSPH——> DH2:   teatros comerciales
SSPH——> DH3:   teatro infantil
SSPH——> DH4:   mujeres del mismo sector social
SSPH——> DHn: otras posibilidades.

En cuanto al sistema SPH——> DM, a la vez podría observarse subsistemas tales como:

SSPH——> DM1:   obreros
SSPH——> DM2:   campesinos
SSPH——> DM3:   lumpen
SSPH——> DMn: otras posibilidades

En el sistema SPM (productor: sectores culturales marginales) también sería posible advertir una variedad de subsistemas de acuerdo con los destinatarios reales o potenciales, por cuanto el destinario puede ser de los mismos sectores marginales o de los sectores hegemónicos. En el primer caso, el subsistema SSPM—>`DM podría incluir:

SSPM——> DM1:   obreros
SSPM——> DM2:   campesinos
SSPM——> DM3:   lumpen
SSPM——> DM4:   mujeres
SSPM——> DM5:   niños

En el segundo, SSPM——> DH, los subsistemas podrían ser:

SSPM——> DH1:   sectores universitarios
SSPM——> DH2:   sectores tradicionalmente asociados a los teatros comerciales
SSPM——> DHn: otros posibles.

Esta hipótesis de modelo histórico de periodización —y sólo como tal la presento en este momento, ya que su confirmación supone una serie de aplicaciones prácticas provisorias— implica que una historia debería estudiar cada una de estas posibilidades en sí misma y en sus variantes, como asímismo en cuanto sistemas interrelacionados para conformar el macrosistema teatral de un determinado momento histórico.

El proceso de análisis, entonces, conduciría a la descripción de un grupo de textos coincidentes conformadores de un subsistema en cuanto a su coincidencia de mensajes recurrentes, un determinado imaginario social, un sistema de códigos estéticos y teatrales, todo lo cual vendría a proponer un espectador potencial, un tipo de espectador, que podría confirmarse con investigaciones empíricas.

Un cambio de sistema supondría un cambio en el destinatario —público—, por cuanto esta transformación origina la utilización de otro sistema de códigos teatrales para producir los textos producidos dentro del mismo sector cultural, pero destinados a públicos que funcionan dentro de otro sistema cultural teatral.

7.– Problematización y ejemplificación no sistemática de las categorías

El modelo propuesto obliga a revisar algunos conceptos o perspectivas tradicionales para el estudio del teatro. Suele hablarse, por ejemplo, del "melodrama" como formas de teatro popular. Desde la perspectiva propuesta, habría que ubicarlo como ejemplo de la categoría de textos producidos por el sector cultural hegemónico, pero dirigidos a sectores marginales. Es decir, producidos por los sectores cultos, pero con con códigos, motivos, personajes y mensajes atractivos para los sectores menos cultos. Semejante es el caso del "sainete," el cual, generalmente, también va dirigido a los sectores sociales medios, pero a un grupo de aficionados al teatro cuyo gusto difiere de aquellos que establecen la norma de jerarquía estética, a los cuales hemos llamados hegemónicos.[18] En la Editorial de la revista *Apuntes* destinada al sainete se describe una zona teatral poco estudiada por el discurso crítico hegemónico y que correspondería dentro de nuestro esquema a un sub–sistema A2–n, en cuanto es producido por los sectores sociales y teatrales hegemónicos y destinado a sectores dentro del mismo grupo social, pero con intereses teatrales diferentes. Estas formas constituyen variantes del mismo tipo de productor con formas dirigidas a distintos tipos de destinatarios.

Diferente es el caso en que representantes de los sectores marginales han producido textos teatrales. Este sistema es el campo menos estudiado, por lo tanto, las propuestas se hacen aún más hipotéticas. La mayor parte de los textos ha sido examinada desde el punto de vista del sistema de valores del iscurso crítico hegemónico. En consecuencia, su caracterización desde su propia perspectiva se hace, por el momento, más conflictiva e imprecisa. Un ejemplo de teatro producido por obreros para espectadores del mismo grupo cultural es el estudiado por Pedro Bravo Elizondo. Pedro Bravo ha llevado a cabo un estudio discursos teatrales de obreros y mujeres obreras del norte de Chile entre 1900 y 1933

---

[18] Sobre este "género" en Chile, ver *Apuntes*, num. 92 (Septiembre, 1984), especialmente el ensayo inicial de María de la Luz Hurtado y Loreto Valenzuela "Teatro y Sociedad chilena en la mitad del siglo XX: El sainete." Las autoras describen tanto la posición del sainete dentro de la sociedad teatral chilena como las características estéticas, teatrales e ideológicas de los mismos.

—Iquique— destinados a los mismos sectores.[19] La preocupación central del historiador en este caso fue predominantemente informativa, narrativa, de modo que no postuló la configuración de un modelo. Un análisis de la información proporcionada por Bravo Elizondo desde la perspectiva aquí propuesta podría permitir configurar un subsistema en el período elegido. Un aspecto imporante, por ejemplo, de los productores del teato descrito por Bravo Elizondo es el sustento ideológico de los productores de los discursos.

Otro caso que resulta problematizador para la teoría propuesta es el llamado "teatro poblacional."[20] En principio, es el discurso producido por sectores socialmente marginales y dirigido a estos mismos sectores. La problematización, sin embargo, emerge cuando los sectores teatrales hegemónicos intervienen en la producción de estos "textos poblacionales" por cuanto interfieren con la imposición o utilización de códigos teatrales del espacio hegemónico como instrumentos para la realización del proyecto teatral y político con los cuales aspiran a comunicar su mensaje político. Pese a esta interferencia, optamos por insertar estos textos dentro del sub–sistema del productor marginal y destinatario marginal.

El teatro del oprimido de que habla Boal corresponde a una situación semejante a la del teatro poblacional. Los sectores sociales y teatrales hegemónicos intervienen, pero, finalmente, el productor y el destinatario corresponden a los sectores marginales.

El teatro de Juan Radrigán presenta un caso problematizador. En principio es un texto producido desde la marginalidad, tanto cultural como lingüística o social. Los que han trabajado el texto, sin embargo, se han preocupado poco de examinarlos desde la perspectiva aquí propuesta y han enfatizado la condición "marginal" de los personajes, pro-

---

[19] Pedro Bravo Elizondo. *Cultura y teatro obreros en Chile. 1900-1930*. (Madrid: Libros del Meridión, 1986)

[20] Ver Carlos Oschsenius. *Encuentro de teatro poblacional* (Santiago, CENECA, 1982). Sin duda el trabajo más completo sobre estas formas teatrales es el volumen editado por Hernán Vidal *Poética de la población marginal. El teatro poblacional chileno: 1978-1985* (Minneapolis: The Prisma Institute, 1987). Se incluyen ensayos de Diego Muñoz ("Problemática en torno al teatro poblacional"), Carlos Ochsenius ("Expresión teatral poblacional 1973-1982") y José Luis Olivari ("Investigación-montaje en teatro poblacional: Cuaderno de capacitación"). Incluye también una antología.

yectándolos a un valor "universal" de marginalidad o de "contemporaneidad" teatral. Está demás decir que estos críticos pertenecen al discurso crítico hegemónico, para quienes la justificación de un texto está, precisamente, en esa proyección universalista.[21] Un ejemplo de esta lectura, por ejemplo es la del párrafo siguiente en el ensayo de Hurtado y Piña: "Llaman la atención como factor diferencial dos elementos centrales: la caracterización del espacio social y de la problemáticas ligadas a la marginalidad y, derivándose de ellas, un tipo novedoso de teatro *social* por una parte y por otra, la proposición estética y dramática que lo fundan, también peculiares en nuestro teatro contemporáneo." (6)

Desde la perspectiva propuesta, la observación más evidente es que el "autor" —Radrigán— proviene de sectores marginales, económicos y sociales. Su vida activa se ha desarrollado predominantemente, además, dentro de estos sectores. Los personajes y algunos de sus textos son representaciones de los sectores marginales en sentido muy amplio. Con respecto al destinatario, los mismos editores citados afirman: "Las puestas en escena de Radrigán han llegado igualmente a sindicatos, poblaciones, escuelas y, en general, lugares tradicionalmente periféricos, como a las salas céntricas del teatro profesional." (63)

Descripción de la que se infiere una sorprendente variedad de destinatarios, hecho que problematiza el esquema teórico propuesto. Un breve análisis de *Testimonios sobre las muertes de Sabina* puede sugerir un modo de enfrentarse al problema. Esta última es indicio de la lectura de la representación de la marginalidad por un discurso teatral que, creemos en el fondo aspira a los sectores hegemónicos. A nuestro juicio, el teatro de Radrigán se orienta predominantemente a satisfacer los códigos estéticos y teatrales de los espectadores nacionales cultos, aunque el núcleo de sus textos son o parecen ser personajes de los sectores sociales marginales o lumpescos. La crítica, sin embargo, ha tendido a exaltarlo

---

[21] Sobre Radrigán, ver "Los niveles de marginalidad en Radrigán" de María de la Luz Hurtado y Juan Andrés Piña y "Juan Radrigán: los límites de la imaginación dialógica" de Hernán Vidal en *Teatro de Juan Radrigán* (Santiago: Editorial Universitaria, 1984). Edición de 11 obras editadas por el CENECA y el Instituto para el Estudio de las Ideologías y Literatura de la Universidad de Minnesota. Ver también la sugerente interpretación del teatro chileno actual y de Radrigán de Rodrigo Cánovas, "Ictus y Radrigán: mejorando al hombre," en *Lihn, Zurita, Ictus, Radrigán: literatura chilena y experiencia autoritaria* (Santiago: Flacso, 1986)

como marginal. Rodrigo Cánovas, por ejemplo, afirma:[22]

> Radrigán habla de los marginados sociales de esta tierra: de los sin casa, de los cesantes crónicos, de los subempleados, de putas, cafiches y vagos. En el contexto nacional, su obra se debe a la pauperización de la sociedad chilena en los años de dictadura, la aniquilación física y mental de las energías creativas de toda una comunidad. A diferencia del Ictus (y de los otros grupos teatrales ya mencionados), no muestra ningún entusiasmo por el pasado democrático chileno; la colectividad no se reúne entonces en torno a un ideario progresista republicano, sino más bien en torno al concepto de transgresión: el oprimido debe rebelarse. (118)

Testimonio de las muertes de Sabina (1980) se funda en un diálogo entre dos esposos: Rafael y Sabina, con algunas referencias a otros personajes que no aparecen en escena, entre los cuales figuran los dos hijos de la pareja y el Turnio, amante de Sabina antes del matrimonio. La visión de mundo es la de unos seres humanos insatisfechos, tanto por la presión de un sistema social que no entienden y que los oprime como por la incomprensión e incomunicación que se produce entre ellos. Además del abandono por parte de los hijos. Finalmente, lo que se describe es esencialmente una soledad existencial, la que se hace consciente y se verbaliza en Sabina, pero de la cual Rafael no se hace eco o reacciona con agresividad, el chiste o el cinismo. A nuestro juicio, este teatro se inserta en el grupo B –el sistema en el cual un portador del sector de la marginalidad produce los textos– pero dentro de un sub-sistema cuyo destinatario final, realmente, no es el público de la marginalidad sino sectores del espacio teatral hegemónico, espacio que se autocaracteriza como "marginal" al poder político dominante, pero que no es necesariamente marginal en términos de códigos teatrales. Este destinatario final implícto es lo que finalmente ha originado que dentro de estos sectores —la marginalidad con respecto al poder político dominante en el país— destaquen y valoren estos textos, no en cuanto a su marginalidad teatral, sino en su posibilidad de insertarlo en los códigos teatrales hegemónicos.

---

[22] En *Lihn, Zurita, Ictus, Radrigán*

Otro categoría utilizada con frecuencia en la crítica sobre el teatro latinoamericano es la de "teatro colectivo." Se tiende a oponérsele el "teatro de autor." Desde la perspectiva propuesta, sin embargo, debería ser considerada predominantemente como una estrategia de producción teatral en la cual el espectáculo es producido esencialmente por sectores medios. Su destinatario pueden ser los mismos sectores medios como los sectores marginales: obreros, campesinos. Planteamos como problemático el caso porque una vez más la crítica y los mismos teóricos del movimiento han tendido a verse a sí mismos como pertenecientes a un teatro marginal. Consideramos que el teatro colectivo es un procedimiento de producción teatral, el que no incluye necesariamente un tipo de destinatario. Los fundamentos ideológicos del teatro colectivo, en cierto momento, suponían un nuevo modo de participación de los sectores populares en la historia de América Latina. Este hecho, no obstante, no lo define necesariamente.

8.– *La categoría de "teatro popular"*[23]

Dentro de las categorías expuestas hemos evitado conscientemente la utilización de la expresión "teatro popular," la que ha llegado a ser una especie de lugar común de los estudios sobre el llamado "nuevo teatro" en América Latina. La causa de esta omisión proviene del hecho que nos parece que, por una parte, la expresión, en el fondo, revela poco de la historicidad del texto o lo particular de la ideología y los códigos utilizados. Por otra parte, no evidencia necesariamente el origen de los productores ni precisa las condiciones del receptor potencial. Finalmente, creemos, los críticos asignan en esta categoría a los textos que coinciden con su perspectiva ideológica y su interpretación limitada de lo que es "pueblo." Se tiende a entenderlo en una sola dirección ideológica y

---

[23] Sobre el concepto de teatro popular, ver René Acuña, *El teatro popular en Hispanoamérica: una bibliografía anotada* (México: UNAM, 1979), Gerardo Luzuriaga, (Ed). *Popular theater for social change* (UCLA Latin American Center Publications, 1978), David Mayer, "Towards a Definition of Popular Theatre" en *Western Popular Theatre*, Eds. David Mayer y Kenneth Richards (London-New York: Methuen, 1977 y 1980), 257-277. De Augusto Boal ver, especialmente, *Categorías del teatro popular* (Buenos Aires: Ediciones Cepe, 1972) *Teatro del oprimido y otras poéticas políticas* (Buenos Aires: Ediciones de la Flor, 1974)

política, lo que, a su vez, anula la pluralidad y diversidad que nuestra propia propuesta intenta.

Domingo Piga, hace ya varios años, al hacer una historia del "teatro popular" evidencia la vaguedad del concepto y las transformaciones experimentadas por el supuesto "teatro popular" sin cambiar la categoría.[24] Afirma, por ejemplo: "Acotamos que lo que se entiende y hace como teatro popular en casi todo el mundo hasta la fecha, es lo mismo que se entendía y hacía en Europa a fines del siglo pasado." (8) Y recuerda que el teatro de Ibsen podría y debería ser incluido en esta categoría. Apunta que una característica del "teatro popular" desde fines del siglo XIX ha sido su compromiso político y su "permanente crítica." De este modo, habría que aceptar que, por lo menos, todo el teatro político producido en la época formaría parte de la categoría, sin distinción de clase social productora de teatro. El mismo Piga apunta al referirse a Piscator:

> A pesar de su estructura realista burguesa de origen ibseniano, en su contenido estaba permanentemente la crítica social, moral, política, enfrentándose con la clase burguesa dominante, representando, también, como clase al proletariado. Sus creadores, autores, actores no eran la clase obrera, sino la burguesía progresista que creía honestamente interpretar los intereses de la clase trabajadora. Con su teatro pretendían dar solución de orden político, social o económico, al denunciar el injusto sistema de privilegios o de explotación del proletariado por el capitalismo, dentro de la falsa democracia de la burguesía.(9)

Por otra parte, hace notar que el teatro popular es un teatro político en el que incluye a aquel "que subordina todo valor estético, el arte mismo, a la política. Arte igual herramienta de la política contingente." (9) Finalmente sintetiza su concepción de teatro popular:

> tendríamos el siguiente cuadro en lo que a las obras se refiere: contenidos que eleven moral y culturalmente al hombre y apoyen

---

[24] "El teatro popular: Consideraciones históricas e ideológicas," incluido en el volumen editado por Gerardo Luzuriaga, *Popular Theater for Social Change in Latin Americ*a, 3-23.

su educación, tesis y problemas sociales, teatro crítico de la sociedad actual y a veces romántico anunciador de un mundo futuro sin injusticias y en el cual el hombre pueda ser feliz, presencia de la lucha de clases y de temas políticos. En cuanto a forma y estructura predominó el realismo, en especial la tendencia crítica y social de herencia ibseniana. (17)

En el mismo volumen, Gerardo Luzuriaga incluye "Sobre teatro popular y teatro antipopular," que corresponde a un fragmento de *Categorías del teatro popular* Augusto Boal, cuyos planteamientos implican mayor coherencia y son, en apariencia, próximos a los que hemos propuesto en este capítulo. Luego de la distinción entre "pueblo" y "población," afirma que el "teatro popular se dirige no a la 'población' sino que al 'pueblo,' que es un conjunto de clases de la población." (*Categorías del teatro popular*, 11) Posteriormente, agrega que: "Para ser popular, el teatro debe abordar siempre los temas según la perspectiva del pueblo, vale decir de la transformación permanente, de la desalienación, de la lucha contra la explotación, etcétera." (28) Lo que es más importante, observa, es el punto de vista: "lo popular en teatro es cuestión de enfoque y no de temas— hay problemas prioritarios."(29) Posteriormente vuelve a insistir en este aspecto: "un espectáculo es "popular" en cuanto asume la perspectiva del pueblo en el análisis del microcosmos social que en él aparece..." (33)

Boal distingue tres grandes categorías dentro del teatro popular, en las cuales a su vez, distingue ciertas subcategorías: 1) Del pueblo para el pueblo. Aquí establece las siguientes subcategorías: a) Propaganda, b) Didáctico, c) Cultural; 2) Teatro de perspectiva popular, pero para otro destinatario, con las subcategorías de: a) Teatro de contenido implícito, b) Teatro de contenido explícito, 3) Teatro de perspectiva anti–pueblo y cuyo destinatario es el pueblo. En esta última, a la vez distingue: a) Categoría antipopular explícita, b) Categoría antipopular implícita. Finalmente apunta una cuarta categoría que denomina Teatro periodístico. No es mi intención en esta sección analizar cada uno de los conceptos propuestos por Boal. Importaba cuestionar, sin embargo, sus planteamientos básicos ya que ellos han ejercido una fuerte influencia en numerosos críticos y prácticantes del teatro latinoamericano. Desde esta perspectiva, en varias ocasiones, son consejos para grupos o directores para producir textos teatrales destinados a satisfacer las necesidades sociales o políticas de los productores. Desde los supuestos de las hipótesis propuestas en este libro cabe destacar que Boal también asigna importancia al productor y al destinatario, aunque los objetivos de los modelos son diferentes. La mayor debilidad de los planteamientos de Boal, sin embargo, emerge de la limitación de los conceptos básicos. El asumir el concepto de "pueblo" como elemento fundador de las categorías se entra en una relatividad que hay que decidir con criterio ideológico y no teatral. ¿Qué sectores sociales calzan dentro de esa categoría básica? Para Boal y sus seguidores "pueblo" vendrían a ser aquellos sectores sociales que asumen la "actitud" de oposición a la "burguesía" y más precisamente aquellos que están a favor de una revolución marxista, ya que continuamente se refiere en expresiones como "lucha," "lucha de clases." Aún podría pensarse que se refiere a lo que en otros de sus escritos ha calificado como los "oprimidos." Además, en sus dicotomías está implícita la antinomia del bien y del mal: el bien es lo que que se inserta en la "ideología" de Boal y el "mal" lo que corresponde a las ideologías antagónicas. Antítesis que evita toda posibilidad de describir dentro de la relativa objetividad que requiere una historia del teatro.

Consideramos que las categorías propuestas en este capítulo obligan a considerar la pluralidad y diversidad de las producciones teatrales, establecen una posibilidad de descripción histórica, tanto diacrónica como sincrónica y asignan relevancia a los factores constituyentes del proceso teatral. A la vez, incluyen la dimensión ideológica del productor y del receptor como elemento clave de la periodización. El texto es entendido como medio de comunicación, por lo tanto la utilización de códigos y procedimientos teatrales son funcionales para la comunicación de mensajes significativos en una determinada circunstancia histórica. La selección de los códigos utilizados evidencia la inserción de los discursos dentro de las tradiciones retóricas, la cual contribuye a definir el sistema cultural al que pertenecen productores y destinatarios.

Capítulo 9

UNA PRÁCTICA DE CORTE SINCRÓNICO: EL TEATRO CHILENO DEL PERÍODO AUTORITARIO: 1975-1990

1.- *El contexto socio teatral*

El discurso teatral chileno del período 1973–1990 constituye un macrosistema teatral constituido por una variedad de discursos teatrales, dentro de los sectores culturalmente hegemónicos y marginales, marcados por la experiencia de un gobierno autoritario, con restricciones ideológicas y presiones tanto directas como indirectas. El ejercicio del poder político sobre las producciones culturales mediatizó tanto la producción de discursos teatrales como su recepción, aunque afectó de modo diferente a los discursos dirigidos a los sectores de la marginalidad social y a los sectores de la hegemonía cultural.

a) *El golpe militar y su impacto en la cultura nacional.-* He apuntado anteriormente que las transformaciones del teatro no se explican por una evolución inmanente ni por cambios de una década a otra, sino por acontecimientos históricos que marcan radicalmente la percepción del mundo, los intereses políticos, la concepción del teatro y de la cultura tanto de los productores como de los potenciales espectadores. Cambios que alteran la conformación del imaginario social y desplazan o alteran los sistemas de legitimización cultural

En el caso del teatro chileno a partir de mil novecientos setenta el golpe militar de 1973 representa el acontecimiento clave.[1] El golpe

---

[1] Sobre las consecuencias del golpe militar en el plano de la cultura nacional y en el imaginario social chileno ver José Joaquín Brunner, *Un espejo trizado: ensayos sobre cultura y políticas culturales* (Santiago, Chile: Facultad Latinoamericana de Ciencias Sociales, 1988), especialmente los capítulos "Entre la cultura autoritaria y la cultura democrática" (79-104) y "Políticas culturales

militar alteró las relaciones de poder dentro del país, desplazando el poder cultural del período anterior a una posición de oposición al poder político, conservando e intensificando, sin embargo, su presencia en la esfera de la cultura, especialmente por medio de una red internacional que proporcionó resonancias transnacionales. Este poder cultural, política y económicamente marginalizado, utilizó los instrumentos a su alcance, aún forzando las condiciones de posibilidad, para contrarrestar la presencia y la autoridad del nuevo poder político y económico. El poder cultural marginalizado en el país hizo uso de su prestigio para legitimizar y valorar los discursos culturales deslegitimizadores del poder político. Por otra parte, se autoasignó la representatividad de la cultura y estigmatizó al poder económico y político nacionales como símbolos del "apagón cultural."

La historia del teatro chileno después de 1973 no es fácil de ser narrada "objetivamente," por cuanto la narración tiende a impregnarse de las variantes ideológicas y las posiciones políticas –a veces, espacial– de los practicantes del discurso crítico.[2] El discurso crítico hegemónico, dentro y fuera del país, consideró como tarea esencial la denuncia del status político y social. Fenómeno que condujo a privilegiar cierto tipo de discursos teatrales y exaltó a autores y grupos como representativos, aunque, con frecuencia, el reconocimiento en el exterior no correspondió al éxito "teatral" en el país. En otros casos, el éxito interno y la resonancia del mensaje a nivel nacional no se hicieron eco en el prestigio internacional de autores o autoras. Es indiscutible, sin embargo, que las diversas posiciones con respecto al gobierno militar constituyen una clave para interpretar la producción de textos teatrales en el país y que estas posiciones a la vez han determinado la valoración interna e internacional de los mismos. El discurso crítico, especialmente el producido fuera del país, enfatizó la "censura" como factor condicionante de la producción cultural del período. Los teatristas mismos, sin embargo, han apuntado que la censura oficial fue menos importante en el caso del teatro

---

de la oposición en Chile" (105-132)

[2] Sobre el teatro chileno de este período ver especialmente Grínor Rojo, *Muerte y resurrección del teatro chileno 1973-1983* (Madrid: Michay, 1985), Catherine Boyle, *Chilean Theater, 1973-1985* (Fairleigh Dickinson University Press: London and Toronto, 1992)

Para un modelo de historia del teatro 175

que las medidas económicas.³

b) *El discurso teatral inmediatamente anterior*.- El discurso teatral hegemónico en Chile anterior al período reseñado en este capítulo se constituyó por los discursos producidos por los sectores medios cultos y destinado a los mismos sectores.⁴ Estuvo marcado por la pugna ideológica entre la Democracia Cristiana y la conjunción de partidos políticos que constituyeron la Unidad Popular. Pese a sus coincidencias con respecto a la necesidad del cambio social, ambas tendencias, debido a su sustrato ideológico, proponían respuestas diferenciadas a los problemas nacionales y proclamaban procedimientos distintos para la consecución de los propósitos. Desde el punto de vista teatral, sin embargo, coincidían en la utilización de códigos teatrales y retóricos considerados como "estéticamente" realizados dentro de la cultura dominante de occidente. El modelo de "buen teatro" era el teatro europeo y aun las incursiones dentro de un llamado "teatro nacional" tendían a utilizar procedimientos del discurso teatral o de las tendencias culturales legitimizadas en la cultura de occidente. El discurso crítico, por otra parte, se inclinaba a validar los textos en los que era posible rastrear la presencia de las técnicas teatrales de dicha cultura teatral. Los procedimientos del teatro épico o del teatro del absurdo constituyeron parte significativa del discurso teatral hegemónico chileno hasta 1973 y los críticos destacaron como las obras más significativas del período a aquellas que se podían insertar dentro de estas tendencias. La importancia política de los sectores marginales, por otra parte, condujo a que

---

³ El funcionamiento de la censura es un fenómeno que requiere ser estudiado en sus numerosos matices. Funcionó con diversa orientación y eficacia en distintos momentos y diferentes manifestaciones culturales. En el caso del discurso teatral, el gobierno estaba consciente de su intencionalidad política y, sin embargo, optó por no ejercer la censura directa. Al parecer, dentro de las variantes que hemos indicado, intentó evitar el cuestionamiento internacional y, a la vez, reconoció la limitada eficacia del teatro como instrumento masivo de protesta. La censura, directa o indirecta, fue mucho más importante con respecto a los textos publicados.

⁴ Sobre este período del teatro chileno, ver: María de la Luz Hurtado. "Teatro y sociedad chilena. La dramaturgia de la renovación universitaria entre 1950 y 1970." *Apuntes*. Num. 94 (1986) ;

los dramaturgos de una u otra ideología aspiraran a representar a dichos sectores sociales. Tanto la Democracia Cristiana como los partidos de fundamentación marxista representaron los sectores marginales desde su perspectiva y de modo funcional a la ideología y al proyecto histórico de cada uno. El fracaso político de la Democracia Cristiana, plasmado en la elección de Salvador Allende, apoyado predominantemente por partidos marxistas, representó una acentuación de la apertura hacia los sectores sociales marginales por parte de los sectores medios. Durante el período de la Unidad Popular (1970–1973) los sectores en el poder político intensificaron el desarrollo y el apoyo de grupos teatrales que desplazaron sus actividades hacia los sectores poblacionales.

Algunos de los dramaturgos reconocidos a nivel nacional e internacional del período fueron Jorge Díaz, Egon Wolff, Sergio Vodanovic, Isidora Aguirre, quienes continuaron con sus actividades después de 1973. Los grupos teatrales de mayor presencia fueron constituidos por el Teatro de Ensayo de la Universidad Católica, el Instituto del Teatro de la Universidad de Chile, el TECNOS —de la Universidad Técnica del Estado— y el ICTUS.

c) *Visión general del teatro en el período 1973-1990.-* Varios ensayistas han apuntado aspectos de las transformaciones experimentadas por el teatro chileno del período. Enzo Cossi, por ejemplo, propone cuatro períodos:[5] "Those are: 1) stampede and survival, 2) pulling together and resistance, 3) growth and development, and 4) transformation and renewal." (119) Grínor Rojo afirma que entre 1973 y 1975 se produce el período de la persecución y el desbande y que a partir de 1976 se inicia una nueva etapa de unos cinco años en la que se observa:[6] "technical austerity and a language that only half expresses what it means." (531) Creemos que estas distinciones apuntan predominantemente a un tipo de discurso teatral del período, aquel producido por los sectores medios y

---

[5] Enzo Cossi. "Political Theatre in Present-Day Chile: a Duality of Approaches." *New Theatre Quarterly*, Vol. VI, number 22 (May 1990):. 119-127

[6] Grínor Rojo se refiere a este período de la historia del teatro chileno en *Muerte y resurrección del teatro chileno, 1973-1983* y en el ensayo "Chilean Theatre from 1957 to 1987," *Theatre Journal*, vol. 41, num. 4 (December 1989): 524-537

dirigidos a los mismos sectores. Rodrigo Cánovas apuntó la posibilidad de una diversidad de discursos al notar que:[7] "hacia 1980 los movimientos de oposición han logrado crear una amplia red comunicativa que les permite a los chilenos expresarse en distintos espacios públicos. La función crítica del teatro adquiere entonces un valor relativo." (96)

En términos generales, es posible advertir dos instancias significativas, constituyéndose el año 1983 el momento clave de las transformaciones. En 1983 se producen las primeras grandes protestas masivas contra el régimen, especialmente en Santiago. En agosto de este año, el gobierno abre posibilidades de intercambio ideológico en el plano político, a través de un cambio de ministerio, en el cual se incluyó un político como Ministro del Interior, Sergio Onofre Jarpa, con el cual parecería ser posible dialogar.[8] Este fenómeno, aparente apertura política del gobierno y la intensificación de las protestas, autorizó a varios grupos a hacer más evidente la crítica o la denuncia. A partir de entonces, se produce una mayor posibilidad de expresión de la disidencia, con menores controles internos y externos de los discursos.

2.- El sistema del productor hegemónico para los sectores hegemónicos antes de 1983

Dentro de estas líneas generales es necesario establecer varios distingos. El discurso teatral hegemónico, conformado por los discursos de los productores culturalmente dominantes, continúa siendo el de los sectores culturales medios, quienes producen textos destinados a espectadores tradicionales del teatro nacional llamado culto. Estos discursos tienden a la utilización de los códigos teatrales y estéticos coincidentes o insertables dentro de las tendencias culturales internacionales. Dentro de este discurso, distinguimos dos *sistemas* teatrales, diferenciados por los fundamentos ideológicos de sus productores y el tipo de mensaje que dirigen a sus potenciales destinatarios: el sistema teatral del autoritarismo y el sistema teatral hegemónico ideológicamente alternativo. A la vez,

---

[7] Rodrigo Cánovas, "Ictus y Radrigán: mejorando al hombre"

[8] Los comentarios de la época enfatizan la significación del cambio. "El cambio de gabinete del miércoles pasado se convirtió en un cambio del escenario político que pocos pudieron suponer." *Qué pasa* (18-24 de agosto 1983) 8

existe un sistema teatral de la marginalidad, constituido por los discursos teatrales producido por sectores política y culturalmente marginales y destinados a los sectores sociales marginales.

a) *El sistema del discurso teatral del autoritarismo.-* Corresponde a los discursos teatrales que de una manera u otra apoyan el poder político en el país. Este discurso teatral no cuestiona los fundamentos ni la legitimización de los sectores en el poder político y sustenta un canon fundado en un supuesto arte "universal," sin referencias a la contingencia nacional o sin posibilidad de interpolar una potencial interpretación de los acontecimientos del país.

Es interesante destacar que algunos de los intelectuales del poder político tenían plena conciencia de la necesidad de desarrollar este discurso teatral.[9] En el "Memorandum," se incluyen varias recomendaciones en este sentido:

> "a) Que una comisión integrada por autoridades de Gobierno y representantes del mundo artístico y cultural estudie, elabore y proponga un Plan de Fomento, extraordinario en su índole, para dar el mayor auge posible, a corto plazo, a todas las expresiones artístico–culturales de neto carácter nacionalista y de recuperación de valores tradicionales." (160)

El anónimo "informante," en el fondo, propone una política teatral al servicio de la ideología coincidente con el poder político. En parte, este "programa" para las actividades teatrales se llevó a cabo en la reforma de los Programas de educación secundaria, donde los intelectuales del "autoritarismo" propusieron una finalidad para el teatro y configuraron una serie de actividades destinadas a formar a las juventudes en una determinada concepción de lo teatral y de lo estético.[10] Este programa a

---

[9] Es sugerente el informe con respecto a la representación de *Tres Marías y una Rosa*. Sobre esto ver Hans Ehrmann, "Pedro, Juan, María y Rosa. Memorándum oficial sobre *Tres Marías y una Rosa*," *GESTOS*, Año 4, Num. 8 (Noviembre 1989): 155-161

[10] He desarrollado parcialmente este tema en "La reescritura de la historia del teatro y los programas de educación secundaria." *Estreno*. Vol. XVIII, No. 1 (Primavera 1992): 37-42

la vez activó numerosas actividades y formas de representación en las cuales, los temas o las preocupaciones de los "discursos alternativos" se silencian o no emergen como significativos. Dentro de este sistema, distinguimos un subsistema correspondiente al discurso teatral destinado a los sectores medios. El instrumento más importante de este subsistema fue el Teatro Nacional. Este se formó como heredero del Instituto del Teatro de la Universidad de Chile y su grupo teatral que actuaba en el Teatro Antonio Varas. El cambio de las autoridades políticas transformó lo que había sido un bastión de la izquierda teatral en un espacio de la no disidencia y la defensa del teatro "universal." Se representaron predominantemente "los clásicos" del teatro de Occidente, tanto españoles como no españoles, y textos con énfasis en problemáticas consideradas por el discurso político hegemónico como "universales" o no contingentes.

El Teatro Nacional de la Universidad de Chile inició su temporada de repertorio con el reestreno de la obra *Martín Rivas*, de Alberto Blest Gana, en adaptación teatral de Santiago del Campo, bajo la dirección de Juan Pablo Donoso. La obra, exigida en los programas educacionales, hizo posible que los estudiantes conocieran de cerca todo el ambiente costumbrista de la época, reflejo realista de la vida santiaguina de mediados de siglo pasado. (70)[11] Prosiguió la temporada de repertorio con Cyrano de Bergerac, de Edmond Rostand, dirigido por Hernán Letelier, presentando una visión romántica del amor en lo que se considera teatro poético. *La Casa de Bernarda Alba*, de Federico García Lorca, fue recreada por el director Abel Carrizo, mostrando una nueva versión de la pieza, más universalista, menos local, y exteriorizando ideas y símbolos a través de un montaje moderno. (70)

Este sub-sistema, naturalmente, no se limita a las producciones del Teatro Nacional. Varios grupos teatrales, especialmente, con orientación comercial, siguieron esta línea. En el caso de reposición de ciertos "clási-

---

[11] "El drama y la comedia en Chile," *Revista de Educación*, No. 57 (Nov-Dic. 1979): 70-71

cos" chilenos se tiende a despolitizarlos o transformarlos en la visión televisiva de la realidad. Es el caso del re-estreno de *Chiloé cielos cubiertos*, de María Asunción Requena. La versión original implicaba una fuerte crítica social al abandono de la isla de Chiloé y sus trabajadores. Su mensaje proponía una política de empresas colectivas como salida a los problemas económicos de los sectores pobres de la Isla. La versión de 1988, en cambio, diluyó el problema político, intensificó la dimensión folklórica -cantos y bailes-, acentuó la coreografía televisiva del "espectáculo" y transformó el elemento mágico en material supersticioso, cómico o sentimental.[12]

b) *El subsistema del discurso del autoritarismo dirigido a los sectores no hegemónicos.-* El sistema productor hegemónico del autoritarismo no produce un número apreciable de textos teatrales dirigidos a los sectores sociales y culturales marginales.[13] Su mensaje político, ideológico y cultural utiliza preferentemente la televisión como instrumento espectacular orientado a sectores populares.

c) *El subsistema de los discursos teatrales alternativos.-* Constituye el subsistema teatral hegemónico contestatario del poder político. Se conforma por los discursos teatrales también producidos por los sectores culturales medios y compite con el del autoritarismo con respecto a un mismo sector del público. Su ideología, sin embargo, difiere del anterior. La mayor parte de la actividad teatral de los sectores hegemónicos y dirigidos a los mismos sectores a partir de 1973, se centró en el discurso ideológico de oposición. Los textos con fuerte connotación política han sido los más exitosos dentro del país, ya que los espectadores encontraron en el discurso teatral la vertiente adecuada para la reunión, la protesta, la complicidad implícita contra el régimen militar. Este discurso

---

[12] Esta visión fue reforzada por varios programas de televisión en los años anteriores en que se enfatizaban los bailes y canciones de Chiloé. He desarrollado las variantes de interpretación de esta obra de Requena en "María Asunción Requena: éxito teatral e historia literaria" en *Latin American Theater Review*, 28/ 2 (Spring 1995): 19-38

[13] Este aspecto tampoco ha sido realmente estudiado, sin embargo. La preferencia de los practicantes del discurso crítico por los discursos teatrales alternativos ha llevado a que no se haya puesto atención a estos discursos.

teatral experimentó diversas medidas de silenciamiento, las que oscilan desde la censura implícita o indirecta, la presión económica, el exilio político o económico, o la reinstitucionalización de compañías teatrales. En términos generales, es el sistema teatral que ha atraído la mayor atención del discurso crítico, tanto nacional como internacional.[14] La distinción de las dos etapas que hemos propuesto se manifiesta con la mayor claridad en este discurso.

d) *El discurso teatral alternativo dirigido a los sectores hegemónicos.-* Antes de 1983, el discurso teatral alternativo producidopor los sectores culturales hegemónicos mostró un carácter combativo de oposición al régimen militar, dentro de las condiciones de posibilidad que permitía el sistema. El énfasis estuvo en la alusión, la elipsis, o críticas al régimen en su dimensión económica, pero no a los fundamentos ideológicos del mismo o sin dirigir la crítica a los personajes representativos del gobierno. Hay pocas referencias a los militares mismos. En la prensa diaria, se permitía criticar ciertos aspectos del gobierno militar, tales como el manejo económico del país. En cambio, no surgía un cuestionamiento serio del gobierno en sí ni denuncia de las atrocidades nacionales. Durante esta instancia los discursos teatrales llegaron a ser un instrumento esencial de disidencia. Bajo la presión de un sistema político autoritario, controlador directo o indirecto de las manifestaciones de esa disidencia, los productores de discursos teatrales manipularon tanto el significado como el significante de los discursos.

Rodrigo Cánovas, por ejemplo, afirma un cambio hacia 1980:

> Entre 1973 y 1980, el teatro profesional independiente genera un discurso alternativo al modelo cultural autoritario. Su función crítica es de innegable valor, ya que en esos años no había aún espacios públicos donde se expresase la oposición (nos referimos a la prensa y radio disidentes, a movimientos sindicales y estudiantiles, a partidos políticos operando con efectividad). Sin embargo, hacia 1980 los movimientos de oposición han logrado

---

[14] Tendencia que no es sorprendente en críticos como Grínor Rojo en *Muerte y resurrección del teatro chileno* por ejemplo, que expresamente justifican ideológicamente su selección y orientación. Que esta tendencia aparece como "natural" es advertible en Catherine Boyle, *Chilean Theater, 1973-1985*

crear una amplia red comunicativa que les permite a los chilenos expresarse en distintos espacios públicos. La función crítica del teatro adquiere entonces un valor relativo. (106)

La mayor parte del discurso teatral dirigido a los espectadores tradicionales durante el período, en cuanto autores nacionales y extranjeros, posee una línea semejante a las descritas: textos de connotación política, alusivos a la condición nacional del momento, y textos de pretensión universalista, con problemática más allá de las fronteras y las condiciones sociales y políticas nacionales.[15] Los espectadores tradicionales del discurso teatral por su parte buscaron predominantemente textos teatrales con evidente o potencial significación de protesta, transformándose de este modo en espectadores cómplices y forzando los textos a ser leídos como textos de protesta o denuncia, dentro de las condiciones de posibilidad que permitía el poder político.

Con respecto al teatro producido en este momento Hurtado y Ochesenius destacan un teatro que llaman "Teatro testimonial de la contingencia," cuya "función de crítica contingente más directa."[16] Estos autores observan: "De aquí su función crítica, de apelación a la toma de conciencia sobre una realidad y, en ocasiones, la sugerencia de vías de superación a esta situación."(34) Precisan aún más el sentido, el que coincide con la observación de crítica restringida que antes hemos observado: "Una intención preponderante de estas obras es poner de relieve la situación de exclusión del sistema económico-social vigente que sufren vastos sectores de la sociedad chilena, a raíz de o acentuados por el carácter del Estado autoritario y de las medidas económicas impulsadas por éste."(34)

La existencia de un público relativamente definido y su identificación con la protesta y la denuncia condicionan la selección de los textos y, a la vez, evidencia la posibilidades de expresión teatral dentro del país. Algunos de los textos teatrales de mayor resonancia durante el período fueron estrenados por este grupo, el cual salió del país con textos de

---

[15] Hay varios textos de autores importantes dentro de este tipo. Uno de ellos es *Un oscuro vuelo compartido* de Jorge Díaz, estrenado también por el Teatro de la U.C.

[16] "Transformaciones de teatro chileno en la década del 70"

evidente denuncia crítica. La selección de textos representados por el ICTUS es un buen indicio de las transformaciones temáticas de los discursos teatrales chilenos del período, como manifestaciones de las posibilidades que el régimen político permitía. Son varias las producciones que enfatizan los negativos efectos económicos del sistema, producciones que tienden a buscar el chiste, la ironía para poner de manifiesto la crítica al régimen.[17] Rodrigo Cánovas afirma: "En tanto el Ictus considera que el teatro influye activamente en el comportamiento de sus receptores, su actividad se centrará en tratar de reactivar en ellos su compromiso activo con una ideología anti-dictatorial. " (98)

Durante este primer período, su crítica se orienta a los factores económicos y el grupo social rector de la política económica del gobierno militar. Tal es el caso de, por ejemplo, *Renegociación de un préstamo relacionado, bajo fuerte lluvia, en cancha de tenis mojada*, en el cual se satiriza a los jóvenes economistas que impulsaban el modelo económico asociado con la Escuela de Chicago. Otro ejemplo fue *Lindo país con vista al mar* (1980), en el cual se lleva a cabo una fuerte crítica a la ideología del mercado. Que esta tendencia no fue exclusiva del ICTUS lo prueba *Tres Marías y una Rosa* de David Benavente y puesta en escena por el Taller de Investigación Teatral por cuanto en la mostración de las difíciles condiciones en que aparecen los sectores populares no hay referencias a la dictadura sino a los factores económicos del sistema social.

El Teatro de la Universidad Católica es, posiblemente, el grupo más importante del discurso alternativo dirigido a los sectores hegemónicos. Son varios los factores contribuyentes a esta primacía. Hay que recordar, por una parte, que la Iglesia Católica se transformó en el principal antagonista del régimen militar. Por otra, el apoyo institucional permitió a los integrantes del grupo continuar con su sólida profesionalidad teatral.

---

[17] El ICTUS es un grupo teatral, con sala propia -La Comedia- en un lugar céntrico de Santiago, con un público relativamente constante. Por otra parte, tiene una larga tradición y varios de sus actores permanentes son actores de prestigio, tanto nacional como internacional. Fue asociado con la Democracia Cristiana en el período anterior, se inclinó más a la izquierda, con el predominio de actores o miembros del grupo identificables con el Partido Comunista. Para una historia del grupo, ver *Teatro Ictus* (Santiago-Chile: CENECA, 1980) de María de la Luz Hurtado y Carlos Ochsenius. Examinan la fundación, sus cambios y posiciones tanto teatrales como ideológicas hasta 1980.

El Teatro de la Universidad Católica representa una interesante combinación de fuerza opositora en lo político, proclamadora de los derechos humanos, denunciante de la ilegitimidad del poder político, conservadora de ciertos "valores morales" de la burguesía nacional y defensora de la tradición cultural de occidente. El TEUC ha funcionado, entonces, en una doble dimensión: la utilización de los clásicos, tanto nacionales como de la cultura teatral de Occidente, y textos de fuerte compromiso político. Los primeros, sin embargo, no fueron elegidos ni representados sólo por su valor "cultural" sino por su potencialidad de satisfacer la segunda exigencia: su posibilidad de significación política para sus potenciales espectadores que, como he dicho anteriormente, consideraban el teatro el espacio natural de la crítica y la denuncia.

Héctor Noguera, actor, director y profesor de la Escuela de Teatro de la UC, al referirse a los textos clásicos representados, observa:[18] "En Chile, a partir del golpe de estado, se recurrió al 'teatro clásico'" y explica la elección: " era una manera de decir lo que estaba vedado, protegido por la autoridad del clásico" (11) Luego, se refiere a las obras elegidas: "en el año '74 montó *La vida es sueño* de Calderón de la Barca, con la dirección de Eugenio Dittborn, donde destacaba la lucha de Segismundo por su libertad;... Con la dirección de Raúl Osorio se hizo *Hamlet* de Shakespeare, centrado principalmente en la ilegitimidad del poder de Claudio." (111-112)

Otro aspecto al cual apunta el discurso alternativo es la desconstrucción de la historia nacional y en muchos casos la evidenciación de una clase dirigente insatisfactoria. Este último aspecto, sin embargo, bien podía tener un efecto de legitimización del gobierno militar que los autores, directores ni críticos evidenciaron en su momento. Una de las justificaciones de la existencia del gobierno militar, desde el punto de vista del poder establecido, fue la "corrupción" de los políticos y la necesidad de reemplazar a los antiguos por unas nuevas generaciones "no políticas." Dentro de estas obras una de las de mayor resonancia en el país fue *Lo crudo, lo cocido, lo podrido* de Marco Antonio de la Parra,

---

[18] Héctor Noguera, "Criterios para una apreciación del teatro clásico en Latinoamérica," *Apuntes*, num. 97 (Primavera-Verano, 1988): 111-115

Para un modelo de historia del teatro 185

estrenada en octubre de 1978.[19] Este texto tiene la particularidad de haber sido preparado para el estreno por la Escuela de Teatro de la Universidad Católica. Su estreno, sin embargo, fue suspendido por orden de las autoridades superiores de la Universidad Católica:

> Esta determinación se ha adoptado porque se ha estimado que el resultado de este trabajo experimental no se compadece con el teatro que una Universidad Católica debe hacer en aras del progreso cultural del país, tanto por su lenguaje como por la irrespetuosidad de su contenido.[20]

El documento agrega que el Rector de la Universidad Católica acotó: "El libreto de la obra me pareció vulgar y grosero. A mi juicio no está a la altura de la que debe ofrecer al público una Universidad." A esta censura oficial, respondió el Consejo Académico de la Escuela de Teatro. Me interesa destacar uno de los párrafos de la respuesta porque apunta a una interpretación del texto y su condición teatral:

> Manifiesta enfáticamente que no existe falta de respeto alguna en la presentación, y que si bien el texto contiene términos gruesos, ellos deben comprenderse en e contexto total de la obra y de su puesta, teniendo en cuenta que que mal pueden usar un lenguaje culto, personajes teatrales hundidos en una miseria moral que los lleva al asesinato y que menos puede esperarse de uno de los personajes teatrales: Un político en el último estado de la decadencia física y espiritual.

Con este texto el autor se dio a conocer y comenzó su carrera de

---

[19] Teatro Imagen, Santiago, con la dirección de Gustavo Meza. Los actores fueron los siguientes: Fernando Farías (Evaristo), Tennyson Ferrada (Efraín), Alberto Villegas (Elias), Yael Unger (Eliana), Gonzalo Robles (Estanislao Ossa Moya).

[20] Cita tomada de la reproducción del documento en *El Sur* de Concepción, Chile, del 1 de julio de 1978, 2.

dramaturgo irreverente de los sectores medios.[21] La acción de la obra acontece en un restaurante tradicional llamado "Los Inmortales" en el cual tres garzones —al parecer últimos sobrevivientes de la sociedad de la Garzonería Secreta— esperan llegadas de clientes en un proceso de continuas peleas, flagelamientos mutuos, castigos. Se supone que estos son los residuos de una poderosa organización que manejaba los destinos del país. Allí participa el político, Ossa Moya, al parecer último representante de un sistema "democrático" fundado en el chanchullo, el fraude y la política engañadora. Este político, viejo y borracho, muere. El desenlace abre la posibilidad para los garzones de salir del espacio de la opresión implícita.[22]

e) *La representación de los marginados en el discurso hegemónico destinado a los sectores hegemónicos.-* Entre los textos con fuerte connotación política dirigidos a los sectores culturalmente hegemónicos se destaca la tendencia en que se representan a sectores marginales. La importancia de estos sectores en la lucha contra el poder político autoritario condujo a un cambio significativo en su representación. Se trata de numerosos textos en los cuales personajes de los llamados sectores de la marginalidad se constituyen en protagonistas o el núcleo de la acción acontece en un espacio de la marginalidad social. En muchos casos, la única salvación contra la opresión en el espacio ficticio del teatro es la defensa de la libertad llevada a cabo en el espacio de los marginales. Consideramos que esta visión utópica, idealizada, de los sectores de la marginalidad obedece al reconocimiento por parte de los sectores medios de la intensa participación de los sectores marginales en la protesta cuotidiana contra el gobierno.

Son numerosos los grupos que representan obras en las cuales los sectores marginales adquieren una gran importancia. El grupo teatral de La Feria, fundado por Jaime Vadell y José Manuel Salcedo, mantuvieron

---

[21] Fue representada en la sala del Teatro de Ensayo de la Universidad Católica, en la calle Amunátegui. Público: Sectores medios, posiblemente muy tradicionales al teatro de la Católica.

[22] Juan Andrés Piña considera que se hace un teatro que se aleja del realismo "para proponer una dramaturgia expresionista y absurda." ("Estrenos. Absurdo y surrealismo," *Hoy*, 8 al 14 de noviembre de 1978. No. 76, p. 45)

una constante línea de oposición con obras como *Hojas de Parra*, presenta *Bienaventurados los pobres*, *Una pena y un cariño* y *La República de Jauja*. El grupo del Taller de Investigación Teatral, dirigido por Raúl Osorio —profesor de la Escuela de Teatro de la Universidad Católica— con participación de estudiantes y egresados de la misma Escuela, representó obras como *Los payasos de la esperanza* y *Tres Marías y una Rosa*. El grupo Imagen, creado en 1974 por Gustavo Meza/Tennyson Ferrada, comienza con obras europeas modernas, pero luego insiste en obras chilenas como *Te llamabas Rosicler* de Luis Rivano, *Las tres mil palomas y un loro* Andrés Pizarro, y *El último tren*, de Meza e Imagen. El grupo Aleph, el cual salió del país con el golpe militar, reaparece en 1979 con una creación colectiva: *Mijita Rica*, la que es prohibida después del estreno. El Teatro de Comediantes, surgido en 1978, estrenó *Las del otro lado del río* y *Testimonios sobre las muertes de Sabina* de Juan Radrigán. Esta última —que hemos comentado desde otro punto de vista en el capítulo anterior— evidencia la preocupación economicista del período y parece apoyar los sistemas de valores propiciados por la libre empresa y la ética del trabajo. Desde el punto de vista social, no es clara la visión de mundo en el sentido que se puedan precisar las causas sociales del infortunio. Por una parte, los personajes depositan sus esperanzas de "felicidad" en ciertas mínimas comodidades materiales, especialmente al comienzo del texto. Rafael, como se informa al final más evidentemente, perdió el trabajo —y no pudo recuperarlo— por haber robado. No fue echado del trabajo por la injusticia del sistema social o económico, lo que hubiera dado otro sentido al personaje y al texto. Esto lo que le obligó a vivir del "comercio." Hay en él a la vez una gran irresponsabilidad, lo que lo lleva al fracaso. Sabina en cambio tiene una serie de virtudes de la mujer trabajadora, responsable. En realidad, tiene las virtudes de la mujer triunfadora de la burguesía y excelente representante de un sistema empresarial. A la vez, tiene profundidad interior y conciencia, lucidez. El fracaso no se debe al sistema económico ni al espíritu de empresa de Sabina. Ello viene del parte injusto. Evidencia la injusticia del mundo y la existencia de un sistema social injusto e incomprensible, con sus ciegos agentes de la autoridad. Esta dimensión casi fantasmagórica de las fuerzas de la autoridad es lo que puede dar sentido de denuncia del sistema en el poder.

3.- *El sistema de los discursos teatrales alternativos después de 1983*

El cambio de 1983 se manifestó en el teatro por una mayor claridad en la crítica a los derechos humanos y la denuncia de la violencia utilizada por el gobierno. Los textos dirigidos a los sectores medios presentan abiertamente algunos de los candentes temas políticos del momento: el exilio forzado, el regreso de los exiliados, la condición de los sectores poblacionales, la violencia de las llamadas "fuerzas del orden." Las discusiones que le seguían se constituyeron en los foros de discusión de los grandes temas de la oposición. Se representaron tanto obras nacionales como extranjeras con estos temas o temas relacionados.[23]

En este discurso conviene distinguir algunas variantes, de las cuales dos interesan en este capítulo: el subsistema del discurso teatral dirigido a los sectores hegemónicos y el subsistema dirigido a espectadores de los sectores marginales.

a) *El subsistema de productores hegemónicos para destinatarios hegemónicos*.- El subsistema destinado a espectadores de los sectores culturalmente hegemónicos constituye el discurso teatral considerado por la crítica nacional e internacional como el más significativo y representativo del período. Dentro de este subsistema, continúan siendo representativas las producciones del Instituto del Teatro de la Universidad Católica, del Ictus y otros grupos formados predominantemente con actores salidos de ellos.

Entre los textos más agresivos del período hay que mencionar *Pachamama* de Oscar Saavedra Santis, dirigida por Raúl Osorio y puesta en escena por el TEUC.[24] Espectáculo en el cual se describe un estado

---

[23] Un tema importante que no trabajaré en este capítulo es el de la representación de obras no nacionales y su significación dentro de las conflictividades de fuerzas en el país. Es interesante notar que se representaron varios autores argentinos del período del Proceso, entre los cuales figuraron Roberto Cossa y Griselda Gambaro.

[24] Omar Saavedra Santis. Nace en 1944. Valparaíso. 1969-1970 Viaja por Europa. 1970-73: trabajos ocasionales en Chile en reparticiones públicas y en un diario de Valparaíso. Desde 1974 radicado en Rostock, República Democrática Alemana. Forma parte del grupo Lautaro. Ha escrito *Escenas contra la noche, Amapola, Pachamama*. Esta última fue el Primer Premio del 4° Concurso

de dictadura, identificable con la situación nacional del momento y con personajes asociables a las fuerzas en el poder.[25] Para la mayor parte de los espectadores había una clara relación entre la situación chilena actual y el espacio y el mundo representado en el escenario.[26] El tema es el de un pueblo gobernado por un dictador vitalicio, hijo de otro dictador, ya muerto, quien decide permitir la construcción de una barca de acuerdo con un modelo muy antiguo— que finalmente podría llevar al mar a los habitantes del lugar. El mar, en este caso, símbolo o realidad de una creencia que había sido prohibida por decreto del padre de Quinto Chasán. El texto muestra un espacio definido por la supresión de la libertad y la legitimización del ejercicio de la violencia a quienes se oponen. Los personajes representan distintos sectores sociales y percepciones del mundo. Los espacios más evidentes son: a) el dictador y su familia; b) los secuaces del dictador, policía y soldados; c) los campesinos: con varios niveles; d) los extranjeros que han llegado al lugar: científicos, artistas, especialmente representada por la cantante —Ministra de Cultura— antigua prostituta. Hay una obvia estereotipación y caricaturización de los personajes, resultando curiosamente el dictador Quinto Chasán como el más variado y polifacético, inteligente y consciente del proceso histórico.

El motivo de la construcción de la barca constituye el núcleo de la acción dramática, ya que el avance en la misma aproxima a los campesinos hacia la realización de lo que aparece como el deseo de viajar hacia el mar. De este modo, hay varias instancias fundadas en la posibilidad de la realización del proyecto y los intentos del dictador por

---

Nacional de Dramaturgia de la Universidad Católica de Chile.

[25] La vi el miércoles 13 de julio, 1988, en la sala baja de la Universidad Católica que tiene una capacidad para unos trescientos espectadores. Había un lleno casi total. Hay que señalar, sin embargo, que era día miércoles en que la entrada era más barata. La mayor parte de los espectadores eran estudiantes secundarios que, al parecer, tenían tareas asignadas.

[26] La publicidad periodística enfatizó este significado. En una entrevista al autor aparecida en el Suplemento Tiempo Libre, año 2, N° 18, del diario *La Epoca*, apunta: "Se trata de la construcción de un barco para viajar al mar. Este último ha sido prohibido por un gobierno dictatorial." A otra pregunta agregó: "En *Pachamama*, tras tres generaciones de dictadura el pueblo sueña con conocer el mar. Nadie lo ha visto jamás." (25 de marzo, 1988) 20.

impedirlo. El asesinato de Quinto Chasán permite establecer nuevamente la dictadura en toda su potencia y prohibir por decreto la existencia del mar. La obra concluye con la revuelta de los campesinos, quienes dan muerte a los nuevos dictadores y a quienes lo apoyan.

El Ictus, por su parte, representa uno de los textos nacionales más osados con respecto a la mostración de una sociedad nacional bajo la presión del miedo y la continua presencia de las fuerzas de opresión: *Está en el aire* de Carlos Cerda.[27] La historia es la del profesor de Música, Exequiel Soto, jubilado que está a punto de realizar el sueño de su vida al viajar al extranjero. La acción se inicia cuando Exequiel Soto está en el aeropuerto de Santiago, donde presencia la actuación de la policía secreta que intenta detener a una viajera. La historia se centra en personajes de los sectores medios y su inconsciencia con respecto a la verdadera naturaleza de la dictadura. Sólo cuando los sucesos le afectan personalmente o se aproximan a sus conocidos adquieren conciencia de la violencia, la tortura, la persecusión que se oculta en el sistema. La representación fue una de las denuncias más fuerte de la condición de la dictadura nacional.

b) *El exilio, la injusticia y el retorno*.- Varios de los temas no tocados en el teatro en el período antes de 1983, pero que constituían temas de discusión cotidiana, emergen como temas centrales de algunas de las obras representadas después de 1983. Jorge Miranda llevó al teatro nacional un tema que constituía el foco de atención de, en su mayor parte, los sectores medios: el exilio y la injusticia de forzar a chilenos a vivir fuera de su patria.[28] En *Por la razón o la fuerza* se centra en chilenos fuera del país. La acción acontece en el aeropuerto de Caracas.

---

[27] El texto se asoció, además, con miembros del Partido Comunista. Su autor había sido el representante del Partido Comunista en un programa de televisión — "A esta hora se improvisa"— de gran sintonía durante el período de la Unidad Popular. El actor que hacía el personaje principal —Roberto Parada— era a su vez antiguo y conocido militante del Partido y, lo que era aún más significativo en el momento, era el padre de uno de los profesores asesinados por los carabineros en uno de los más macabros episodios nacionales del período.

[28] Miranda había comenzado su carrera de autor teatral en el extranjero (Venezuela) desde donde circuló internacionalmente con el grupo de Los Cuatro presentando en Estados Unidos y Europa su primera obra.

Para un modelo de historia del teatro 191

El motivo de la espera —como motivo de la acción— lleva a los personajes que esperan a confesar sus sentimientos de nostalgia, las dificultades por las que han pasado y una visión romántica del país sin gobierno militar. Este texto no fue el primero representado en Chile. Su segunda obra —*Regreso sin causa*— fue la que se dio en el país y la que creó gran controversia. Para nosotros es simbólica de la irrupción de temas y personajes ausentes en el período anterior.[29] La conflictividad no surge ya del sufrimiento en el exilio sino de las consecuencias y los problemas surgidos de su retorno. Problemas que se centran en sus posibilidades de trabajo y del modo como su presencia va alterar la vida de los chilenos o los familiares que debían "cargar" con ellos, especialmente una vez que se le terminaban los ahorros.

c) *El discurso teatral hegemónico no contingente dirigido a los espectadores del sector cultural hegemónico*.- El discurso teatral hegemónico dirigido a los sectores medios no sólo configuró temas en directa o simbólica relación con la situación social, política y económica del país. También representó textos con problemática no fácilmente asociable a la dictadura.

Un ejemplo interesante es *Oscuro vuelo compartido* de Jorge Díaz y representado por el Teatro de la Universidad Católica. Aunque se representó en el mismo edificio de *Pachamama* y el autor es conocido ampliamente por el público —Jorge Díaz es uno de los autores chilenos en los Programas de Educación Secundaria—, no fue un éxito de asistencia.[30] Al parecer, los temas de índole personal, existencial, no resultaban los más atractivos para los espectadores nacionales en este momento. La acción se inicia con la llegada de Ana a la pieza de Martín, músico fracasado, y el descubrimiento de unas extrañas relaciones entre los dos

---

[29] Su obtención del Premio de la Municipalidad de Santiago por *Regreso sin causa*, la cancelación del premio por parte del alcalde de Santiago intensificó el interés del público y enfatizó su simbolismo y su denuncia del régimen.

[30] Asistí el domingo 17 de julio, 1988. Teatro de la Universidad Católica, en la planta alta. Había sólo unos 25 a 30 espectadores para una sala de unos 250, en fuerte contraste con la asistencia que mencionado al referirme a *Pachamama*. El ambiente era frío, sin entusiasmo. Personajes solos o parejas. No había grupos. La dirección fue de Jaime Vadel. Actores: Ana: Loreto Valenzuela; Martín: Agustín Moya; Rafael: Gregory Cohen.

personajes. El diálogo siguiente ilumina parcialmente sus relaciones y sus personalidades. Ausencias largas de Ana, estadías en lugares cerrados, violaciones, lo que no queda totalmente claro si se trata de realidades o imaginaciones de Ana. Esta duda se confirma más adelante cuando se revela que los dos son drogaadictos y se "pinchan," aunque Martín al parecer ya lo ha abandonado. Martín tiene miedo de los golpes en la puerta. Rafael llega a la pieza de Martín y se observa que éste le teme. Rafael llega en busca de Ana. Es policía, seguro de sí mismo, y revela que Ana se ha robado un kilo de cocaína. Pero también hace evidente que está enamorado de Ana y que la necesita. Se evidencian extrañas relaciones de dominio y sumisión, atracción de lo incierto e ingobernable. Cuando se va Rafael, el regreso de Ana trae nuevas revelaciones de los personajes. Sabemos por qué Martín ha dejado de tocar: ha perdido su público que era su hijo de tres años. Ana quiere inyectarse y Martín trata de impedirlo. Luego acepta unirse con ella y volver a la droga. Aparece Rafael, se interpone. Trata de llevarse a Ana, finalmente renuncia, confiesa su crisis de hombre amante del orden cegado por el desorden y el caos de Ana. Antes de salir anuncia que Ana está embarazada y que vendrán a buscarla. Ana experimenta una crisis de la droga, Martín trata de impedírselo, luchan y finalmente Martín se impone. Al final, la toma en brazos y se quiere ir con ella. Así termina la obra. En la unión de Martín y Ana, la superación momentánea del deseo de la droga por parte de Ana, la salida de Martín del subterráneo, tal vez, cierta esperanza en Martín de volver a tocar, hacen que se termine con cierto optimismo o nota de esperanza.

Dentro de la misma orientación podría considerarse *Tía Irene, yo te amaba tanto* de Isidora Aguirre,[31] presentada por La Sala del Angel. La historia se centra en la tía del personaje que hace de narrador. El personaje real era la madre de Isidora Aguirre, la pintora María Tupper, la que también es el personaje de la novela de Aguirre. La acción acontece entre dos planos, no siempre muy claros que son el pasado y el presente del narrador. Casi toda la acción es en el pasado, con presencia del

---

[31] La ví en la Sala del Angel, domingo 10 de julio, 1988. Poco público, pese a que la sala es pequeña. Tal vez no había más de 25 espectadores. La sala es incómoda, los asientos viejos, hacen doler la espalda, helada para un día de invierno. La sala está en el centro de Santiago, con representaciones comerciales. Al parecer llevaba un mes de representaciones.

presente, aunque al final se regresa al presente. La historia se centra en la tía Irene, pintora, medio exótica que cree en el más allá y que se caracteriza con una concepción del mundo, medio ingenua, surrealista, mágica. Lo más importante es la visión de la realidad representada y la intencionalidad encomiástica y con respecto al personaje real que dio origen al personaje Irene. La visión de mundo es el de una sociedad decadente la clase alta— en la cual existe este personaje que cree en inmaterialidades, en el más allá, en la bondad del ser humano, en la que el arte es el sentido de la existencia. La otra clase social que aparece está representada por el gásfiter y su amante, representativos posibles del lumpen y el conventillo. Digo "posibles" porque los dos personajes son caricaturas de una falsa realidad, falsedad que hace posible la acción, en cuanto a que el gásfiter es un ingenuo, sin personalidad, con la sorprendente manía del manejo exquisito del lenguaje y su mujer, una harpía que lo maneja, con ambiciones económicas, consumeristas, que espera usar el arte de otro para acomodarse económicamente.[32]

4.- *El sistema de los discursos teatrales marginales para destinatarios de la marginalidad*

a) *Los discursos marginales en el período.* Los discursos teatrales producidos por los sectores no hegemónicos para los sectores marginales durante este período presentan un complejo problema político y teatral. La significación política y de movilización social de los sectores marginales alcanza una enorme importancia debido a que las formas tradicionales de la protesta y participación de la democracia burguesa habían sido anuladas o destruidas. Los partidos políticos marginalizados del poder, la activa participación de la Iglesia Católica y la despreocu-

---

[32] En 1987, Isidora Aguirre era una escritora que estaba en la noticia. En los periódicos se anunciaban que se repondría *La Pérgola de las Flores*, y se estrenaban dos de sus adaptaciones de textos clásicos: *Señor Presidente* de Asturias y *El Lazarillo de Tormes*. Además, gana el Premio de Teatro de La Casa de las Américas con su *Retablo de Yumbel* (editada por Ediciones LAR, Concepción). Texto de fuerte contenido de denuncia del régimen. También estrenó la obra infantil *Don Anacleto Avaro* el 22 de agosto, 1987. Sin embargo, la mayor cantidad de comentarios se referían a la aparición de su novela.

pación e insensibilidad social del gobierno, dieron origen a una zona de ataque en los sectores sociales de los aledaños de Santiago o en los barrios de mayor pobreza. Los sectores de la marginalidad social adquirieron una extraordinaria importancia política como instrumentos de oposición directa al régimen militar. Esta significación política, creemos, acentuó el interés de los sectores medios en la representación de los espacios poblacionales y en la búsqueda de los procedimientos para comunicarse con ellos o en los procedimientos para redirigirlos. Los sectores de oposición comprendieron la eficacia del teatro como instrumento de comunicación de masas y lo utilizaron como instrumento alternativo a los instrumentos oficiales en manos del poder político, tales como la televisión y los periódicos. El teatro producido por estos sectores para los mismos sectores marginales, sin embargo, originó muy poco interés en el discurso crítico hegemónico.

El teatro se desarrolló en los sectores poblacionales en varias dimensiones. Una de las más significativas es el apoyo de la iglesia a grupos —especialmente de jóvenes— dentro de las poblaciones para formar grupos teatrales y desarrollar formas teatrales. Muchas veces los textos producidos son "creados" por los mismos integrantes de los grupos, a modo del teatro colectivo. Su destinatario es naturalmente el mismo sector poblacional. Otro procedimiento fue el envío o formación de "monitores" quienes, habiendo sido previamente estrenados en los procesos teatrales, forman y dirigen grupos teatrales en las poblaciones. Este fenómeno dio origen a una extraordinaria floración de grupos y actividades teatrales en los sectores marginales de Santiago y diversos espacios de provincia.

Diego Muñoz apunta dos aspectos que nos interesa reforzar:

> Emerge en la capital un teatro popular producido y consumido por sectores social y culturalmente excluídos de los supuestos beneficios del modelo de sociedad propugnado por el régimen militar. Hacia 1978 ya existen numerosos grupos de teatro constituidos por jóvenes estudiantes, cesantes, trabajadores y dueñas de casa, quienes, reunidos inicialmente en torno a un soporte de la Iglesia Católica comienzan a hacer representaciones y divulgar "teatralmente" problemas contingentes de sus respectivas comunidades. (11)

Para un modelo de historia del teatro

El mismo autor apunta:

> Señalemos desde un comienzo que estamos en presencia de una práctica cultural de sectores sociales marginales que a través de la representación dramática de su quehacer cotidiano buscan un modo de organización y concientización que les permita constituirse en sujetos sociales con proyectos de transformación de la sociedad. (11–12)

Aunque algunos de los grupos poblacionales han adquirido prestigio fuera de su círculo inmediato, la mayor parte tiene una existencia transitoria, ya sea por la no profesionalidad de sus integrantes como por la falta de recursos al no contar con apoyo institucional permanente. Su presencia dentro de la cultura hegemónica nacional es casi invisible y sus estrenos y, en algunos casos, sus festivales reciben poca atención de la crítica o el periodismo nacional. Algunos de los grupos, sin embargo, han partido de la experiencia poblacional o en sectores espaciales y culturales marginales y han logrado reconocimiento fuera de su propio espacio, aunque ello no siempre signifique permanencia o profesionalización. Volveremos a referirnos a estos discursos de la marginalidad dirigidos a sectores sociales marginales en un apartado posterior de este capítulo.

b) *El caso de La Negra Ester*. Dentro de los grupos que han comenzado en los sectores marginales, ya sea como teatro de la calle o poblacional, uno de ellos ha alcanzó renombre nacional e internacional. El ejemplo más reciente es el texto de Roberto Parra, con la colaboración de Andrés Pérez, titulado *La Negra Ester*, y representado por la Compañía Gran Circo Teatro, primero en la Plaza O'Higgins de Puente Alto en diciembre de 1989, y luego en Cerro Santa Lucía de Santiago, con recorridos por ciudades del sur de Chile, en el año 1989 realizó una gira por Canadá, Europa y Estados Unidos. En 1990 visitó Estados Unidos con gran éxito.[33] Aunque para muchos este espectáculo podría considerarse como de los sectores de la marginalidad, en realidad corresponde plenamente

---

[33] Sobre este texto, ver la revista *Apuntes*, num. 98 (Otoño Invierno 1989) en la cual se incluye el texto y lo que llaman un "Reportaje a *La Negra Ester*."

a una de las vertientes "populistas" del teatro del momento, cuyas raíces teatrales e ideológicas se relacionan con el teatro alternativo de los sectores hegemónicos que hemos mencionado previamente. *La Negra Ester* utiliza códigos teatrales y culturales utilizados y puestos de moda por tendencias teatrales europeas del momento, en las cuales se combinan códigos de teatro de calle, del circo, de canciones populares y folklóricas con una visión ingenua, sentimentalista y simplificadora de los sectores populares y, aún más específicamente, de los prostíbulos. La estereotipación de personajes les quita el dramatismo y los hace divertidos.

c) *Una experiencia de teatro poblacional.* Entre 13 al 20 de enero de 1990 tuve ocasión de asistir al Cuarto Festival de Teatro Poblacional de la Granja, el cual se llevó a cabo en un barrio de Santiago. Una breve reseña de este Festival —iniciado en 1987, organizado y patrocinado por el grupo teatral "La Carreta," que dirige el actor y director Víctor Soto, y la Escuela de Expresión Artística de la Granja— puede permitir captar algunas dimensiones de este subsistema teatral: discursos teatrales producidos por sectores marginales para destinatarios marginales.

La Granja es un barrio popular de Santiago, a unos cuarenta minutos del centro, en el cual se ubican algunos sectores caracterizados por su activa participación en movimientos de protesta social en la historia reciente del país. El espacio fue un pequeño recinto deportivo abierto, acomodado para el caso con un escenario, tribunas y bancas largas. Todo lo relativo a técnicas para espectáculos parecía improvisado en apariencia, aunque funcionaban adecuada o perfectamente. Este espacio con una capacidad para unos cuatrocientos espectadores estuvo lleno casi todas las noches y repleto la noche inaugural y la noche final. Un buen equipo de sonido, que funcionó la mayor parte del tiempo sin interferencias, y una aceptable instrumentalización de la iluminación, que fue reajustado con frecuencia, no crearon grandes críticas o quejas de los presentes. El público, formado predominantemente por la gente del barrio, muchas madres, con niños que rehusaban irse a medianoche, constituyó un grupo entusiasta y activamente participante en la multiplicidad de actividades. Varias noches, los asistentes aún se sentaron en el suelo, en el vacío entre las bancas y el escenario. En algunas ocasiones el espacio se transformó cambiando el estrado en galerías y dejando el centro del campo deportivo como escenario de la representación.

En la "Editorial" de la "revista" del festival, *El Protagonista*, la declaración de principios expresa bien el sentido del mismo:

trabajando sistemáticamente partir del teatro como eje, en una propuesta artístico-cultural que busca integrar y movilizar a la población y a los creadores artísticos, con la intención de promover la gestión de un proyecto artístico-cultural representativo, cuyo acento sea la promoción de valores liberadores; un proyecto del pueblo, que trascienda a los intereses de grupos en particular, ésta ha sido nuestra utopía. Creemos que el teatro, el arte y la cultura son pilares básicos para una construcción democrática y el proceso nuevo que se abre en nuestro país tiene en esta labor puntos de apoyo significativos, y nuestro trabajo ha estado inscrito en una perspectiva del futuro. (2)

Con la participación de grupos teatrales de barrios o poblaciones de Santiago, grupos de provincia y grupos teatrales de otros países latinoamericanos, el Festival de la Granja proporcionó una diversidad de experiencias teatrales de algunas de las tendencias de discursos teatrales marginales en América Latina. En esta sección nos limitaremos a destacar algunos aspectos de los grupos nacionales.[34]

La función es dar espectáculo y a la vez motivar y preparar para el teatro. El programa estaba organizado sobre la base de coloquios matinales, talleres y exhibiciones de video en las tardes. E teatro en sí constituía intensos programas de variedades espectaculares a partir de las 8 de la noche. Los coloquios matinales fueron pensados como fuentes de intercambio de experiencia, diálogo y discusión de los problemas comunes a los distintos grupos y a un proceso de afinamiento de los objetivos e instrumentos y práctica teatral. Las presentaciones, sin embargo, fueron más de carácter narrativo-informativo, en el sentido que constituyeron

---

[34] Los grupos participantes fueron los siguientes: De los barrios o poblaciones santiaguinos: Teatro La Carreta, Taller Teatro Dos, Cuncumén, El Mural, Taller de Arte Dramático, Orgasmo, Teatro Q, La Gotera, Generaciones, Creaciones, El Baúl, La Vitrola, Liberación, El Relevo. De las provincias nacionales: El Tenor y el Pablo Neruda, ambos de Iquique. Del exterior: Raíces de Perú, Petra de Colombia, ATB de Bolivia, Teatro Estudio Libre de Paraguay, Umbrales (Ecuador), Luz y Sombra (Ecuador), El Camino (Argentina) y Doremimo (Colombia).

fundamentalmente la historia de cada uno de los grupos, con poco cuestionamiento o discusión de los planteamientos o los propósitos de cada uno. Tampoco hubo gran discusión sobre los aspectos teatrales, espectaculares y actorales. Estas presentaciones dejaron en evidencia la enorme diferencia entre algunos de los grupos poblaciones nacionales que participaron, que bien podrían calificarse como "de aficionados" —con otros de los grupos chilenos y, especialmente, los extranjeros. Característica común a todos los grupos es la dificultad económica. Sin apoyo de instituciones, sobreviven malamente, dependiendo de espectadores sin recursos económicos.

Desde el punto de vista filosófico, la mayor parte intenta llevar a cabo una labor de difusion teatral entre pobladores de espacios marginales. Los procedimientos, no obstante, parecen ser muy variados. Mientras algunos intentan comunicar un mensaje directo; otros, conscientes de las tendencias actuales en actuación teatral y teorías espectaculares pretenden comunicar esos mensajes con procedimientos que implican integración de artes espectaculares, en las que se incluye música, baile, mimos. Todos, sin embargo, rechazaban lo que denominaron "teatro panfletario."

El núcleo del Festival fueron los espectáculos nocturnos. Estaban constituídos por una variedad de actividades: grupos musicales, comediantes, cantores y, naturalmente, dos o tres obras teatrales. A todas estas actividades el público respondía con entusiasmo impresionante. La mayor parte de los cantantes, grupos musicales y comediantes enfatizaron la dimensión de protesta social contra el régimen militar, lo que a su vez era reforzado por los animadores. El Festival se constituyó en una verdadera fiesta popular, pluridimensional en la variedad de los medios empleados, los bruscos cambios de tonos entre un momento y otro del espectáculo total, aun dentro de la misma noche. Al lenguaje popular, con infinita repetición de expresiones populares de algunos textos, seguía la estilización espectacular; del simbolismo evidente de las máscaras en un juicio a los culpables de torturas y persecusiones en los textos de denuncia se pasaba a un simbolismo etéreo.

El mensaje de los grupos, tanto nacionales como extranjeros, sin embargo no enfatizó sólo la dimensión política. El mensaje político y la situación nacional predominó en las intervenciones de los invitados no teatrales, cantantes cómicos, los animadores y las declaraciones de muchos de los participantes. Entre los grupos con mayor énfasis en lo contingente nacional se destacó la recurrencia del tema del rechazo al olvido y la impunidad a los causantes de los crímenes cometidos por representantes de las autoridades en el régimen militar. Otros enfocaron temas en directa relación con el ser habitante poblacional, el desalojo o el abuso de la autoridad. Otros proyectaron la condición de marginalidad social a una concepción de marginalidad existencial. Hubo aquellos que cuestionaron el abuso de la mujer por parte del hombre o del sistema patriarcal.

De acuerdo con el Director, Víctor Soto, el Festival intenta crear orgullo poblacional y conciencia de valor personal y colectivo. Cada noche la función comenzaba con los animadores repitiendo *in crescendo* la frase "somos importantes," "somos importantes." El Festival, a su vez, es la dimensión más internacionalmente visible de todo un esfuerzo por promover la cultura dentro de la población a través de la existencia de la Escuela de Expresión Artística de la Granja, la que mantiene talleres artísticos y culturales para los pobladores durante todo el año. El Festival muestra la existencia de una gran variedad de formas teatrales en los barrios y sectores poblacionales santiaguinos. El origen social, el grado de preparación actoral y la formación general como teatristas de los integrantes de los grupos de los distintos grupos varía enormemente. Su independencia con respecto a instituciones oficiales o partidos políticos los deja, a la vez, en precarias condiciones de subsistencia como grupos o individuos. En general, varios reciben apoyo de la iglesia, especialmente como espacio en el cual reunirse y practicar. En pocos casos, también reciben un magro apoyo económico para las necesidades prácticas del espectáculo montado. Si consideramos este festival como indicio de teatro poblacional y del teatro de sectores marginales para sectores marginales, comentar brevemene algunos de los textos pueden permitir una aproximación más precisa.

El grupo "Generaciones" presentó la historia de la familia desalojada. El tema es el desalojo de la familia desde su casa porque no han pagado dos o tres meses, después de haber pagado quince años por la casa. Al principio presenta un padre irascible que le gritonea a la mujer, que no tiene capacidad de resolución, una hija indiferente, antagonista a la madre y al padre que sólo piensa en tener lo que ofrece la publicidad en cosas materiales, culpa al padre y, especialmente a la madre porque no gana dinero para satisfacer sus apetencias. La crisis familiar surge del desalojo. Pero, al final cuando las vecinas los apoyan y deciden entrar a la casa de la que habían sido echados, se produce la unión familiar, se le reconoce valor al padre, se muestra el valor de la unión de la comunidad, se demuestra que el carabinero es también parte del pueblo y que hay que atraérselo, en vez, de acentuar el que sea enemigo instrumento del pudor. Tema incluye un aspectos importantes o significativos o posibles para los sectores populares: el desalojo, la dependencia del patrón, la hija rebelde, la madre a la que el machismo del marido no la deja trabajar, el desalojo, la presencia del carabinero como instrumento de la ley, la comunidad entre los vecinos, la existencia de una "pituca" dentro del barrio, el motivo de "no es mi culpa," "yo sólo obedezco órdenes." El desenlace es de esperanza: es posible rebelarse y hay que disponerse a afrontar las consecuencias.

Otro texto fue del Grupo de Teatro La Gotera de Clara Estrella. Formado por tres textos: "Necesito que me ayudes," "Sin nombre ni apellido" y "Las enaguas de noche son una ilusión." El primero es el tema del SIDA. Un hermano que se ve obligado a decirle a su hermano que tiene Sida. El otro hermano reacciona negativamene. La madre pide a los hermanos que salgan y se queda con el hijo, aunque no se sabe qué pasa. El segundo fue un texto muy críptico, que recibió pocos aplausos. Una mujer joven que lee un libro, no hay palabras, sólo gestos. En el tercero tres mujeres, en enaguas, en el cual se confunden y se funden varios planos de imaginación, recuerdo y presente de las tres mujeres. Parte de los recuerdos son históricos. Por ejemplo, el terror que les produjo, cuando niñas, los aviones y el golpe de Estado. Parece que las afecta enormemente. Básicamente vuelven a recuerdos de niñez o de ilusiones de niñez en las que se les ve jugando como niñas, aunque con connotaciones de conciencia feministas.

El Grupo de la Población La Bandera fue el más evidentemente político. Una primera parte de denuncia variada sobre varios problemas, en la que cada personaje presenta algún problema social. La segunda parte, representación de un juicio a los militares que participaron en la tortura o actos de violencia del tiempo de la dictadura en Chile. Muestra cómo el poder judicial se pone de parte de los militares, el poder, y evita el castigo, pero la denuncia está hecha. Esta obra tuvo gran aceptación del público. El Grupo Cuncumén configuró un tratamiento del amor, con canciones y una historia medio melodramática, pero presentada con simpatía. Un seductor, sinvergüenza, que conquista a una joven virgen y se la lleva a un hotel por horas. Mientras esperan porque la pieza 18 está ocupada, él se encuentra con una mujer con"guagua."Espera a su amante a quien el protagonista había conocido en un prostíbulo en Concepción. Ella cuenta su historia. El se ablanda, y decide casarse con la joven y servir de padrino del niño, ya que el amante no llega.

Estos textos evidencian que, dentro de la práctica del teatro poblacional en el Chile del período, se daba una pluralidad temática, algunos de los cuales inciden en problemas específicos de los sectores poblaciones y otros que coinciden en los sectores dominantes. Varios, no obstante, ya han perdido su vigencia en los discursos teatrales dominantes y eran propios del melodrama. La mayor diferencia se advertía, sin embargo, en la utilización de códigos teatrales, con mayor énfasis en el discurso verbal que actoral.

***

Esta descripción general deja fuera numerosos matices y aspectos del teatro chileno a partir de 1973. Deja fuera nombres de grupos, directores, actores. Silencia la gran variedad y el enorme esfuerzo de los grupos y los individuos que han llevado a cabo su labor teatral en provincias. Sugiere, sin embargo, la complejidad de un intento de descripción totalizadora, evidencia la pluralidad de factores por considerar y, sobre todo, lleva a considerar que no debería privilegiarse una tendencia sino la variedad fundada en las variantes ideológicas de los productores, los distintos tipos de espectadores y la interrelación conflictiva entre los códigos ideológicos y teatrales de los textos y las transformaciones del poder político.[35]

---

[35] Una excelente fuente de materiales y textos sobre este período del teatro chileno es el de Elba Andrade y Walter Fuentes, *Teatro y dictadura en Chile. Antología crítica* (Editorial Documentas: Santiago, Chile, 1994) Incluye textos e información sobre los autores.

PALABRAS FINALES

La aporía de las escrituras de las historias del teatro

La hipótesis final de un modelo de periodización histórica —y sólo como tal la presento en este momento, ya que su confirmación supone una serie de aplicaciones prácticas provisorias— implica que una historia debería estudiar cada una de estas posibilidades en sí mismas y en sus variantes, como asímismo en cuanto sistemas interrelacionados para conformar el macrosistema teatral de un determinado momento histórico.

El proceso de análisis, entonces, conduciría a la descripción de un grupo de textos coincidentes conformadores de un sub-sistema en cuanto a su coincidencia de mensajes recurrentes, una determinada imagen virtual del mundo y un sistema de códigos estéticos y teatrales. Este conjunto vendría a proponer un tipo de productor, poseedor de ciertos códigos ideológicos, estéticos y teatrales que utiliza para comunicar una determinada imagen del mundo a un espectador potencial, un tipo de espectador, dentro de una circunstancia histórica particularizada, es decir, dentro de una contextualidad teatral limitada. La historicidad inmediata se constituye en el primer marco histórico del discurso teatral, marco que es necesario entender finalmente como el marco menor de una serie de enmarcamientos históricos, los cuales encontrarán sus equivalencias teatrales en las categorías mayores como el macrosistema o el megasistema.

En el modelo de periodización propuesto en las páginas anteriores uno de los principios filosóficos claves es el supuesto de una sociedad multicultural y de la diversidad de discursos teatrales mediatizados por la interrelación entre productor y destinatario. Por lo tanto el modelo, debe incluir como elementos fundamentales la posibilidad de describir a un mismo nivel de importancia tanto textos de los discursos culturales dominantes como de los marginales o alternativos. Aceptar esta hipótesis como principio obliga a que las propuestas de nuevas estrategias para la re-escritura de la historia deban aspirar a aprehender los discursos minoritarios, entender su posición dentro de las transformaciones históricas, explicar las causas de la marginalidad, apuntar sus interrelaciones con los discursos hegemónicos y, finalmente, establecer los parámetros que los re-evaluen con criterios legitimizadores o fundados en sus propias modalidades y contextualidades.

¿Hasta qué punto la propuesta inicial de *Ideología y discurso crítico sobre el teatro de España y América Latina* de hace algunos años tiene aún vigencia? ¿Hasta qué punto ese modelo se salva de la transitoriedad en su vigencia que he apuntado para toda historia del teatro? ¿Hasta qué punto es posible proponer un modelo que supere su propia historicidad o las circunstancias históricas que le dieron lugar?

En su momento creí que superaba algunas o muchas de las fallas que había visto en las historias anteriores. Al mismo tiempo, indicaba que había que realizar una serie de estudios no hechos para poder llevarlo a la práctica. Hoy considero que algunas de las tendencias críticas o filosóficas que se han ido imponiendo en los discursos críticos dominantes validan o legitimizan varios de los planteamientos del modelo pluridiscursivo de *Ideología y discurso crítico*. Sigue creciendo, por ejemplo, el interés y la necesidad política y cultural de estudiar los discursos no hegemónicos, se proponen nuevos sistemas que aspiran a explicar el funcionamiento de la cultura o de campos específicos de la cultura dentro de la sociedad y la política (Bourdieu, García Canclini, Morandé). Sin embargo, a la vez, se siguen imponiendo nuevos modelos o conceptos provenientes de la macrocultura hegemónica europeizante que implican la sumersión de las macro y micro culturas latinoamericanas dentro de modelos universalistas. En estos modelos desaparece lo específico del funcionamiento de la cultura y el teatro en América Latina.

La escritura de la historia del teatro supone la conjunción de dos tipos de discursos: el teatral y el histórico. El discurso teatral es la pluralidad de prácticas que dentro de una tradición o sistema cultural son denominadas "teatro" por el discurso crítico y el discurso histórico. El discurso histórico —la historia del teatro— es un discurso específico cuya función es dejar constancia objetiva de los procesos de transformación experimentados por los discursos teatrales. En principio, está guiado por la intencionalidad científica del historiador, quien aspira a marginar su subjetividad en beneficio de la re-presentación objetiva del pasado. Esta concepción lleva a que una historia del teatro asuma una connotación de autoridad que transmite la *verdadera* historia de los fenómenos teatrales. Esta caracterización idealista e idealizada, sin embargo, ha sido frecuentemente cuestionada dando origen a continuos intentos de desescribir o des-autorizar las historias del teatro y, como consecuencia, la propuesta de escribir nuevas historias.

La re-escritura de la historia es un proceso constante, tanto por las transformación del objeto de dicha historia —los discursos teatrales—, como por las transformaciones de los códigos de los discursos críticos y los desplazamientos e intereses ideológicos de los sujetos que escriben la historia. La necesidad de la re-escritura de la historia se acentúa especialmente en los períodos de crisis históricas. Cuando el poder cultural legitimizador de una lectura del pasado —el relato llamado "historia"— pierde autoridad. En estos momentos, los grupos culturales o políticos emergentes proponen la re-escritura como un proceso de desvalidación de los sectores en el poder y, a la vez, como un modo de "leer" el pasado de manera que justifique su propia ascensión al poder. La re-escritura de la historia del teatro es un proceso continuo de intentos de sustituciones culturales y políticas.

La conciencia de la necesidad de re-escribir la historia se ha acentuado en los últimos años. Por una parte, como consecuencia del emerger de nuevos grupos sociales en busca de una posición de poder y su necesidad de autoasignarse un espacio en la historia. En el caso de América Latina, además, la "celebración" del Quintocentenario condujo a cuestionar la "versión" que los historiadores españoles iniciaron en el siglo XVI y a poner en duda la validez de la imposición de la cultura europea en las culturas prehispánicas. Los intentos de sustituir la expresión "descubrimiento de América" por "encuentro de culturas" no fue sino el esfuerzo de re-escribir la historia con parámetros en los cuales se le asigna a la cultura "descubierta" un estatus de cultura paralela a la dominante. Los acontecimientos históricos en Europa y el debilitamiento del marxismo como estrategia histórica en los últimos años hacen aún más urgente el re-pensar el pasado como un modo de delinear el futuro. La crisis ideológica de la izquierda desvalidó su lectura de la "historia" de América Latina, por ejemplo, y ha originado que la intelectualidad de izquierda busque nuevos modelos históricos.

Por otra parte, la crisis de la escritura de la historia en las humanidades, en general, se ha acentuado y legitimizado con la emergencia en el plano teórico de las estrategias desconstruccionistas y de la crítica cultural. Estas cuestionan la existencia misma de la "historia" como una representación del pasado. Desde esta perspectiva, toda "historia" es una construcción mediatizada del pasado. No hay historias verdaderas sino sólo "narrativas" parciales e interesadas. La "historia" constituye en esta perspectiva un discurso mediatizado por la ideología y los códigos del emisor, su intención con respecto a sus potenciales destinatarios (espectadores implícitos, espectadores ideales o espectadores potenciales) y los códigos de la escritura de la historia dentro del sistema cultural en que se la escribe. Una consecuencia de esta caracterización es que la re-escritura de la historia aparece como una aporía intelectual, ya que se constituye en un proceso de continua auto-negación. ¿Cómo o para qué seguir escribiendo una historia del teatro argentino, por ejemplo, si la historia que yo escriba está o puede estar desautorizada de inmediato tan pronto se evidencia el sustrato ideológico y los códigos que la sustentan. ¿Para qué escribir una historia cuya validez es teóricamente transitoria o, lo que podría ser peor, cuya intencionalidad es interesada, ya sea en la mantención del sistema cultural dominante o en la alteración o sustitución del mismo? Desde esta perspectiva toda historia tiene una validez limitada y, a la vez, una aceptación transitoria dentro de un sector cultural.

Esta visión aparentemente nihilista, sin embargo, no puede conducir a negarse a escribir la historia del teatro. La conciencia de la no universalidad e historicidad del discurso histórico es en esta instancia de la cultura de occidente el mayor aliciente para su re-escritura. La percepción tanto de su limitación como de su inescapable ideologización, obliga al historiador o historiadora a explicitar los principios y los supuestos desde los cuales escribe. La re-escritura de la historia, desde esta perspectiva, no es una aporía cultural sino un proceso consciente de renovación social, política y cultural. La escritura de la historia es la utopía del futuro.